JN194870

社長の一流、二流、三流

上野光夫

明日香出版社

はじめに

あなたは「一流の社長」というと、日本を代表するような、著名な会社の社長をイメージするかもしれません。

本書が想定しているのは、大企業ではなく、中小企業の中で社員が50名以下くらいの比較的小さな企業の社長のことだとお考えください。株式会社など法人企業に限らず、個人事業の形態でも「企業」と意識して経営している人も含んでいます。

そうした、小さな企業の社長の中には、大企業の社長にも負けない「一流の社長」が存在するのです。

本書では、規模が小さくてあまり目立たないけれど、実はとても儲かっているだけではなく、お客様はもちろんのこと、社員、地域社会からも慕われている社長を「一流の社長」と定義しています。

「少しでも一流の社長に近づきたい」と思うのなら、ぜひともページをめくって読み進めてみてください。

◆一流の社長たちと出会って感銘を受ける

私は、日本政策金融公庫という政府系金融機関に26年間勤務し、主に融資の審査の仕事に携わりました。その中で3万人以上の社長と出会い、どれくらい儲かっているか、つまり懐具合まで目の当たりにしたのです。

出会った社長のほとんどは、それほど儲かっているわけではなく、なんとか企業を維持しているという状態でした。ところが50人に一人くらいの割合でしょうか、驚くほど儲かっている社長がいたのです。会社の規模は小さくても、徐々に収益を上げて成長していました。

「この違いは何だろう」と興味をもった私は、儲かっている社長にターゲットを絞り、経営に対する考えや行動について、根掘り葉掘り質問するようになりました。

20年以上かけてヒアリングを繰り返した結果、儲かっている社長たちは、それぞれ非常に個性的で千差万別ですが、根底には共通する思考と行動の様式があることに気がついたのです。

一時的に儲かっている社長ではなく、紆余曲折はあっても、長年にわたって徐々に会社の収益を伸ばしている社長の話は、とても印象的でした。私はそうした社長と出会うと、仕事そっちのけで何時間も話をしました。彼らは「一流の社長」になるために重要なことを、惜しげもなく話してくれたからです。

◆社長になった瞬間から闘いが始まる

「自分も一流の社長になりたい」と思って、私が金融機関を辞めて独立したのが2011年のことです。社長になった瞬間には、宮仕えから解放され一国一城の主になった喜びをかみしめたものでした。

ところが喜びもつかの間、社長になった瞬間から、究極の実力主義・成果主義の世界に飛び込んだことに気がつきました。

独立初年度に、想定していたよりも多くを稼ぐことができたので「社長なんてちょろいもんだ」と思ったのがいけません。天狗になった私は、2年目にとても厳しい事態に直面することになります。まさに三流社長のような、どうしようもない状態でした。

そんな中で思い出したのが、一流の社長たちが教えてくれた数々のヒントです。一流の社長は、どん底の状態に陥っても、そこから工夫と努力でV字回復を果たします。

彼らのことを思い出した私は、社長2年目の危機をなんとか乗り越えることができました。今考えても、冷や汗が出るほどです。

誰しも社長になったときは嬉しいものですが、その瞬間からビジネスという闘いが始まります。たとえ厳しい闘いの場であっても、楽しみながら事業を継続できるのが、一流の社長だと思うのです。

◆ほんのちょっとした差が一流と二流を分ける

自ら創業した、親から事業を引き継いだ、株主（オーナー）から招聘《しょうへい》されたなど、社長になる経緯はさまざまです。社長歴が長い人もいれば、短い人もいます。また、経営する事業の業種業態も千差万別です。

社長としての経歴や事業内容にかかわらず、一流社長に共通するのは、自分の未熟さを自覚して向上する努力をしていることです。社長歴が長くても二流のままの社長がいる一方で、短期間で一流社長になれる人もいます。

実は「一流の社長」とその他大勢の「二流の社長」を分けるのは、ほんのちょっとした違いなのです。まさに紙一重といえるような差から、大きなへだたりが生まれます。

「自分は二流社長だ」と思っている方でも、紙一重の違いを知ることで一流社長になれるのです。本書は、その紙一重の違いに焦点を当てて、一流社長の思考や行動の特徴を明らかにしています。

なお、本書には、難しい理論は一切書いていません。クイズ形式で、楽しんで読んでいただけるような構成にしています。

どうぞ仕事の合間にでも、気楽な気持ちで読んでいただき、一流社長になるヒントをつかんでください。

株式会社ＭＭコンサルティング 代表取締役 資金調達コーディネーター® 上野 光夫

社長の一流、二流、三流　もくじ

Chapter 1　一流の「経営の基本姿勢」とは？

Chapter 2

一流の「経営戦略」とは?

Chapter 3 一流の「マネジメント」とは？

Chapter 4 一流の「マーケティング」とは？

Chapter 5

一流の「財務マネジメント」とは？

Chapter 6

一流の「パーソナリティ」とは？

Chapter 7 一流の「スキル・ノウハウ」とは？

カバーデザイン：小口翔平（tobufune）
カバーイラスト：山崎真理子

Chapter 1

一流の「経営の基本姿勢」とは？

経営で大切なこと

三流は、儲けること、二流は、利益を出して社会に貢献すること、一流は、何を第一に考えている？

「利益を上げるためには手段を選ばない」と考えて、人や社会に迷惑をかける行為をしたらどうなるでしょう。

そんなことをすれば、あっという間に悪評が広がり、世間の批判を浴び、たとえどんなに儲かっていたとしても会社を存続させることはできません。

企業には、「利益の追求だけでなく、従業員、消費者、地域社会、環境などに配慮した企業活動が重要」という社会的責任があります。

そのため、お客様や地域社会に喜ばれる事業活動をすることが不可欠となります。

でも実は、「利益を出して地域社会にも貢献することが大切」と、考えているだけの経営者は二流にすぎません。「会社が生き残るためにどうすべきか」というハングリーな視点が弱いからです。

環境変化が激しい現代では、どんな企業でも基盤を大きく揺るがすような事態になることも珍しくありません。長年続く老舗企業も幾度となく谷を越えた経験をもっています。

私は3万人以上の社長と会ってきましたが、谷に落ちたときにそのまま破綻してしまう社長がいる一方で、そこから這い上がってV字回復を遂げる社長がいたのです。

「この違いは何だろう」と疑問に思い、V字回復した社長たちにインタビューを繰り返しました。わかったのは、**どん底に直面しても「絶対に会社を継続する」という強い信念をもち、さまざまな工夫を凝らしていたことでした。**

会社を長く繁栄させる一流の社長は、経営でもっとも大切なことは「倒産しないこと」と考えているのです。

「倒産しないこと」を最重要事項と考えれば、多くのことに配慮する必要が出てきます。例示すると次のようなことが挙げられます。

○経営理念を明確にして長期の事業計画を策定する
○競合に打ち負かされないような経営戦略を練り上げる
○いい商品・サービスをつくりお客様に喜んでもらう
○会社や商品・サービスを知ってもらうマーケティングを行う

○社員やスタッフが楽しく働ける職場をつくる
○リスクが大きすぎることには手を出さない
○資金が足りないときには外部から調達する
○成功体験で「天狗」にならない

企業が倒産する原因は、直接的には赤字や債務超過ですが、その背景には必ずといっていいほど社長の考え方や行動に問題が隠れています。とくに多いのは「放漫経営」「高額投資の失敗」「ずさんな資金管理」などです。

とくに倒産の危機に瀕するのは、社長が天狗になったときです。仕掛けたことがうまくいき、浮かれてしまっている状態がもっとも危険です。大きな投資で大失敗してとり返しがつかなくなるというケースは枚挙にいとまがありません。

「倒産しないこと」を念頭に置けば、倒産原因の多くを排除することができます。大阪で機械部品の製造業を営んでいるA社長は、以前から「私は倒産しないように経営している」と言っていました。その結果、倒産どころか長年にわたり高収益を実現しています。

倒産しない経営を目指すことで、結果的に安定継続する企業になることが可能なのです。

Road to Executive

一流は「倒産しないこと」を第一に考えている

☑ 倒産を防ぐためのセオリーを意識する

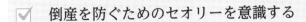

経営で実現させたいこと

三流は、金持ちになること、二流は、夢や目標を実現させたい、一流は、何の実現を目指している？

「社長、事業経営を通じて実現させたいことは何ですか？」

私は、経営者からご相談を受けるとき、こんな質問を投げかけます。

このとき、即座に「○○を実現させたい」と回答できる社長は少数派です。ほとんどの社長は戸惑って考え込み、思い出したように「高級車を手に入れたい」「50歳で早期リタイアしたい」「プロバンス地方のワイナリーを買って毎日ワインを飲みたい」と答えます。

いずれも実際にあった回答です。しかし、これらは事業で儲かったお金を利用して叶えたい自分自身の夢であり、今やっている事業経営とは直接関係がありません。

このような自分の幸せが一番と考えていること自体は、必ずしも悪いことではなく、社長が事業経営を進める原動力となっているともいえます。

一歩進んだ社長は、自分自身の私利私欲ではなく、「売上を100億円規模にしたい」「海外に進出したい」など、会社の発展を実現させたいと言います。

それと同時に「東南アジアの恵まれない子供たちのために学校をつくりたい」「地域の高齢者が安心して暮らせるような環境にしたい」といった社会貢献の目標も語る傾向にあります。自社の成長だけではなく、地域や社会への貢献が重要ととらえているからです。

こうした社長にとって、事業経営を通じて実現させたいことが、「夢や目標」だといえますね。社長としては、極めて健全な考え方だといえます。

しかし、まだ一流ではありません。

一流の社長は**「夢や目標」ではなく、「妄想」といえる高いハードルを超える**ことを実現したいと回答します。「いや、そんなこと無理でしょ」というレベルです。

わかりやすい例を挙げると、Google、Apple、Amazonなどの企業を思い出せば理解できると思います。そんな著名な巨大企業でなくても、妄想を実現するために日々取り組んでいる小さな会社の社長がいるのです。実際に私が会った社長の例を挙げましょう。

○ドライバーの体調不良が原因の事故を減らす

昨今、運転時の体調不良が原因で事故が起きたという報道があります。ある社長は、こうした事態をなくしたいと思い、ドライバーが車のハンドルを握った瞬間に、その人が24時間以内に体調不良になるかどうかを見極めるシステムの開発に成功しました。

○影ができない照明を開発

蛍光灯など普通の照明は、手をかざすと影ができてその部分が暗くなりますね。しかし、影があると困る場面があります。たとえば、医師が外科手術をするときなどです。ある社長は、技術力を駆使して影が全く出現しない不思議な照明を完成させました。外科手術の照明のほか災害復旧現場など、さまざまな分野で活用されています。

「妄想」の実現を追い求める社長は、日本でも決して少なくありません。実現するまでの道のりは険しく、ときには変人扱いされることもあり、資金が底をつくリスクも大きいといえます。

しかし大事なのは、**「自社が世の中を変える」というほどの気構え**をもつことです。

Road to Executive

一流は、「妄想」の実現を目指す

「自社が世の中を変える」と考える

重視していること

三流は、「課題」を解決すること、二流は、「目標」を達成すること、一流は、何を重視している？

時間はどの企業にも平等に与えられていますが、社長が日頃の経営で何を重視するかで、成果に大きな差がつきます。

多くの社長は、その日やるべきことの「タスクリスト」をつくっています。手帳やノートに書いている、PCやスマホで管理しているなど、やり方はさまざまですが、行動することをリスト化してこなそうとします。

しかし当然のように、経営の現場では、やるべきタスクや不測の事態など、課題が膨大に発生します。このような課題の解決に翻弄されているだけでは、経営者として失格です。仕事をこなしている気になるだけで、十分な成果につながらないからです。

成果を重視する社長は、日頃の経営においても「目標」を重視します。「重要度」と「緊急度」で優先順位をつけて効率的に処理し、目標を達成するための活動に注力します。年間の目標を達成するために、今日こなすべきことを実行するのです。

もちろん、目標を重視して経営を行うのは当然のことです。経営は「スピードが命」といえるので、限られた時間でいかに効率的かつ生産性の高い仕事ができるかが勝負です。

ただ、一流になるにはさらに一歩踏み込みが必要となります。

私が3万人以上の社長に会って痛感するのは、目標達成に対する情熱と覚悟が弱い社長が多いことです。「今年は目標3億円」と掲げていながら、すぐに下方修正するなど、立てた目標を簡単にあきらめてしまう社長が実に多いのです。

これでは、社長が使う「目標」という言葉に「達成に向けて努力するが、できなければ仕方ない」というニュアンスが含まれていると、いわざるを得ません。

一流の社長は、「目標」からそのようなニュアンスを一切排除します。

○今期の売上は5億円を必達
○来年の4月1日には新製品をリリースする
○5年以内に県内で業界ナンバーワンの企業になる

このような**具体的な目標を掲げて、「何がなんでも達成する」という姿勢**をもっています。

たとえ、失敗続きで達成が危ぶまれても、簡単にはあきらめず解決策を模索します。数値目標以外でも、次のような点について明確に定めます。

○ターゲットとする市場
○経営陣や社員の行動指針
○企業のミッションやブランドイメージ

一流の社長は、掲げた目標への達成意欲が「半端ない」のです。私は、一流の社長が掲げるのは、「目標」というよりも、経営の「目線」という表現が適していると思います。経営の「目線」とは、弓矢の的のように、あるいは登山家が目指す山頂のように、ぶれない情熱と覚悟をもって必ず達成しようとする事項です。

日頃の経営においても、「目線」を強く意識してスタッフにも浸透させ、事業活動を行うことが、大きな成果を生むのです。

ただし、必ずしも成長を目指すことが重要なのではありません。たとえば地方の駅前の小料理店であれば、「地域のお客様においしい料理と癒しを提供し、店も繁盛する」が「目線」といえるのです。

Road to Executive

一流は、揺るぎのない「目線」を重視する

☑ 目標必達が当然と考える

大切にしている人

三流は、自分、二流は、お客様と社員、一流は、誰を大切にしている？

会社の経営には、さまざまな人が関わっています。役員、社員、お客様、仕入先や外注先などの取引先などです。たとえ社長一人だけの会社でも、多くの利害関係者がいて初めて経営が成り立っています。

実は、会社が繁栄するかどうかは、社長がどんな人を大切にしているかに大きく左右されるのです。

中小企業経営者に意外と多いのは、「自分だけが大切」と考えている人です。自分さえよければ、社員や取引先など他の人はどうでもいいという姿勢です。

ひどい社長は、儲けることに手段を選ばず、自分のために「一発、ヤマを当ててやろう」と考えており、誰かに迷惑をかける〝悪事〟を繰り返しています。

いわゆるブラック企業といえますが、残念ながら少なくありません。そんな社長は論外で、一時的に繁栄しても、いつかは消えゆく運命にあるといえます。

まともな社長は、自社の商品・サービスを買ってくれるお客様はもちろんのこと、社員・スタッフを大切にします。企業が発展するために、重要な人たちだからです。

ただし、見せかけではなく、心の底からお客様や社員を大切にしなければなりません。

たとえば、社長の中には「客」と呼ぶ人がいます。本当に大切に思っているのなら、このような呼び捨ての表現はしません。

私が、金融機関の大阪支店に勤務し、繊維卸売業の会社を訪問したときのことです。社員が、「社長、顧客リストを持ってきます」と言ったところ、社長が「アホ！　お客様リストと言いなさい」と烈火のごとく怒ったのが印象的でした。社員に対しても、お客様を心から大切にする姿勢を徹底しているのです。

また、社長が「社員を大切にする」といっても、社員は懐疑的に見ることがあります。どんな会社でも、社長に全く不満がない社員は、そう多くはないからです。社長は日頃から、言葉だけではなく、社員を大切にする行動を繰り返して行うことが不可欠です。

しかし、お客様や社員を大切にするだけでは、一流とはいえません。会社に関係する人たちは、仕入先や外注先などの取引先をはじめ、株主、共同で研究開発する企業の人、仕事を紹介してくれる人、地域住民など、多岐にわたっています。**会社をとり巻くすべての人たちを大切にしなければ、長く繁栄する会社にはなれません。**

さらに昨今は、直接関係のない人についても、大切にするというか「配意」することが不可欠の時代になっています。

その代表的な人たちが、ネットユーザーです。サイトやSNSなどで会社や商品・サービスについて、話題にする人たちです。一人がつぶやいたら、瞬く間に広がって商品が爆発的に売れることがあります。

しかし、すべてが善意ある人とは限らず、ネガティブな書き込みをされることがあるのが厄介です。「うちは関係ない」と思ってはいけません。会社や商品が有名になればなるほど、増える傾向にあります。根も葉もない批判が書かれると、風評被害が広がる懸念もありますので、注視して早めの対策を打つことが重要です。

会社を支えてくれる人が増えるように、すべての人を大切にする姿勢をとりましょう。また、知名度が高くなると悪意ある人も出現する可能性があるので、**一見関係ないと思える人についても、十分に「配意」しておくこと**が欠かせません。

Road to Executive

一流は、すべての人を大切にする

☑ 会社は思わぬ人から見られている

未来のとらえ方

三流は、いつか明るい未来が来てほしい、二流は、明るい未来を信じて今を頑張り、一流は、未来をどう予測している？

先日、新成人へのアンケート調査で、日本の未来について「暗い」と回答したのが約6割だったという記事がありました。もしかすると、多くの日本人がそのように思っているかもしれません。

私は、もしそのアンケート調査を社長たちに行ったとすると、結果が変わるのではないかと想像しています。**社長たちの中には、経営を通じて日本を明るくしようと考えている人が多く、**未来を悲観する割合は一般の人と比べて小さいと思うからです。

実は、社長が未来のことをどう考えるかで、会社や事業の行く末も大きく変わります。

ここでいう未来とは、日本だけではなく、世界のこと、そしてとくに「自社の未来」のことです。イメージしやすくするために、未来の範囲は5～10年先としましょう。

私の経験では、中小企業の社長の大半が、現状については「厳しい状況」と認識しています。これはバブル崩壊後、今に至るまであまり変わっていない傾向です。たとえ、国の調査などで「景気がいい」といわれている経済環境でも同様です。

というのも、「思い描いている理想的な姿」には程遠いと思っているからです。その「厳しい状況」にあって、未来をどのように考えているのでしょうか。まず「いつか明るい未来が来てほしい」と他力本願に考えている社長は、例外なく厳しい状態が続きます。

ある売上が減少している飲食業の社長は「2年後、近所に大きな会社のビルが建つらしい。うちもまた繁盛するかも」と話していました。自社が努力するのではなく、明るい未来がやってくることを期待している発言です。

こうした考え方では、大きなビルが建っても、むしろ競合店が増えて繁盛はしないでしょう。

一方、真摯に経営をしている社長は、自社の創意工夫と努力で明るい未来を実現しようと考えます。未来は明るいと信じて、今の厳しい状況を乗り越えるべく努力するのです。

最近は、多くのビジネス書に「ポジティブシンキングをすれば願いは叶う」と書いてあります。これに影響されて、社長の多くが、前向き思考で「信じて努力すれば明るい未来が来る」と思う傾向にあります。実際に、成長している会社は、社長がポジティブに考えて工夫と努力をしているといえます。

しかし、未来は明るいと考えているだけでは、危険だといえます。歴史を振り返ると、経済環境が激変することがあります。日本経済がバブルの真っただ中の頃には、「今後景気が後退することはない」とさえいわれましたが、崩壊後の惨状はご承知のとおりです。

その後も、ＩＴバブルやリーマンショックなど、多くの中小企業が大打撃を受ける事態がありました。歴史は繰り返すというとおりで、今後も、中小企業にとって決して明るいとはいえない事態が起こる確率は高いのです。

経済の激変だけではなく、業界をとり巻く環境変化もあります。例を挙げると、酒小売業のように、規制緩和で淘汰が進んだ業種があります。海外企業との競合によって、町工場の多くが倒産や廃業を余儀なくされました。

企業として長く生き残るには、こうした**「暗い未来」もあり得ると想定して、経営の舵とりを行うこと**が不可欠です。

ただし、社長が不測の事態を怖がり、できるだけお金を使わず、とにかく経費を削減するなど安全志向になりすぎると、事業が委縮して「暗い未来」へまっしぐらです。暗い未来もあり得ると考えつつ、事業への投資活動を行い、強い企業体質にすることが重要です。

Road to Executive

一流は、「暗い未来もあり得る」と予測し、備えておく

☑ 歴史は繰り返すことを忘れない

経営理念

三流は、自分の頭の中にある、
二流は、社内に掲示している、
一流は、どう扱っている？

経営理念については、諸説ありますが、ここでは「企業活動における基本的な考え方」ととらえています。経営理念は、事業を長く繁栄させるために、ぶれない指針としての役割を果たしてくれます。

上場企業のホームページには、「会社理念」「フィロソフィ」「クレド」など異なる表現になっていることもありますが、必ずというほど経営理念について記載されています。

ところが中小企業の場合は、ホームページに載っていないどころか、社長が「うちは小さい会社だからそんなものはないよ」と言っていることが少なくありません。

経営理念が存在しない企業は、いったい何を指針として活動しているのでしょうか？

社長の胸先三寸で、社員もお客様もしっかりとは理解できていない状態といえます。それでも、社長の発言やそれまでの取引から、なんとなく「あの会社は〇〇をしてくれる会社」というイメージができているので、なんとか事業が成り立っているのです。

やはり**業績のいい会社は、経営理念を明確にしています。**私が金融機関にいた頃、会社を訪問すると、社内に「社是」が掲げてあることがありました。

「お客様のために、最高の商品を提供して、社会にも貢献する」といった、ありきたりのものが多いのですが、社内に掲示されているだけでも、会社に活気があるように見えるものです。もちろん、経営理念は掲げるだけではなく、その意図が社員の行動指針となるように、浸透させることが重要です。

私は、経営理念について、ミッション、ビジョン、バリューの三つに分けて考えています。それぞれ次のような意味があります。経営理念を考える際には、この三つの要素に分けてみると、文言が出やすくなるはずです。

【ミッション】企業が果たすべき使命・役割
【ビジョン】企業が目指す将来の状態、あるべき姿
【バリュー】企業が共有する価値観。スタッフの判断基準となる行動指針

また、**経営理念は、社内に掲げるだけではなく社外にも広く発信する**と、お客様や取引

先などが理解を深めてくれ、企業の成長のために有効にはたらきます。

経営理念を社外に発信する際は、一目瞭然で理解できるようなキャッチフレーズで示すと、見た人の印象に残ります。たとえば、サイバーエージェントは、ビジョンとして「21世紀を代表する会社を創る」と掲げています。「なるほど」と納得しますね。

一方、多くの中小企業の経営理念は、どこか他の会社の真似をしたようなものが散見されますが、それでは企業の強みや特徴が伝わりません。

中小企業こそ「自社らしさ」を出すために、印象的な経営理念を示すべきです。

私がこれまで見た中で、もっともユニークな社是が、ある建設業の会社に掲示されていました。いくつか箇条書きになっている中に、こんなフレーズがありました。

社是：「仏の顔を三度まで」

社長に意図を質問すると、「人のミスを3回までは許すくらいの寛容さをもつ」という意味だそうです。自分が短気なところがあるので、自戒をこめて書いたとのことです。この社是は、取引先の人たちも見えるような場所に掲示されていました。経営理念としては遊び感覚が強いですが、非常に印象的です。

ぜひあなたの会社も、個性的でわかりやすい経営理念を考えてください。

Road to Executive

一流は、経営理念を社外に広く発信する

☑ ユニークな経営理念で印象づける

事業計画書

三流は、事業計画書が存在しない、二流は、必要に応じて作成し、一流は、どんな事業計画書を作成する？

２０１８年版『中小企業白書』を見ると、中期経営計画（2年以上の複数計画）の策定の有無に関するアンケート調査結果が出ています。従業員数が50人以下の中小企業の場合、「策定している」と回答しているのが約6割以下です。

会社を長く繁栄させるためには、激しい環境変化の中で生き残っていく必要があります。事業計画書は、大海原を航海するときに頼る「海図」のようなものといえます。事業計画書が存在しない会社は、海図を持たずに漂流している危険な状態の船と同じです。

「事業計画は頭の中にあるから問題ない」という社長は多いのですが、それでは、社長の勘に頼った「行き当たりばったり」の経営をしていることになります。しかも、スタッフなど関係者に対して、頭の中の事業計画をいちいち口頭で説明しなければならず、非効率極まりないといえます。

事象計画書を作成する目的は、大きく分けると「自社で活用するため」「他者に見せるため」の二つがあります。

事業計画書を作成していても、常時活用しているのではなく、資金調達をするときなど一時的に必要な場合のみつくるという企業も多いのが実態です。つまり、他者を説得することが事業計画書の目的になります。

成長している会社の特徴は、**自社で活用するための事業計画書を作成している**点です。ある社員50名ほどの製造業の会社は、事業計画書を作成するだけではなく、半年に一度、見直すという行動を継続しています。

その企業は、事業計画書を作成する際に、まず各部門の責任者に部門別の計画を考えてもらっています。各部門では、社員たちがミーティングしながら、事業計画を作成しています。そのプロセスで、社員が経営参画意識をもつので、士気向上につながっています。

上意下達ではないので「自分たちでつくった計画だから必ず達成しなければならない」という意欲をもってくれるそうです。半年に一度、事業計画書を更新したら、「事業計画検討会」という全社員ミーティングを行っています。

同社の事業計画書は、次のような項目から成り立っています。

① 当社をとり巻く環境（マクロ・ミクロ）
② 過去5年間の業績推移
③ この半年間の取り組みと業績
④ 取り組み内容の成果と反省
⑤ 次期に向けた行動計画
⑥ 今後5年間の数値計画
⑦ 30年間長期計画

ときには、新規事業を開始するための計画なども立てることもあり、環境変化に合わせた合理的な内容になっています。大きな特徴は、**30年後を見据えた長期的な計画も、大まかな内容を盛り込んでいる**ことです。社員たちは、常に事業計画書を念頭に置いて、生きと仕事をこなしているのです。同社の業績は、毎年5％以上売上が伸びています。

このように、自社で活用するための事業計画書を定期的に更新していれば、資金調達に適した事業計画書もすぐに作成できるし、スピーディに経営判断が進みます。

日常業務に追われている中小企業にとって、事業計画書を作成する時間をとるのは容易ではないですが、重要度が極めて高いタスクとして実行してください。

Road to Executive

一流は、30年後も見据えた
経営計画書を作成している

☑ 経営計画書は定期的に更新する

Chapter 2

一流の「経営戦略」とは？

事業内容を問われたら

三流は、「総合商社です」と答え、二流は、「トータルソリューション」と答え、一流は、何と答える？

経営者が集まる交流会などの場で、参加者同士が名刺交換をします。「どんな事業をされていますか？」という質問をされた経験、ありませんか？

実はこの質問への回答内容から、相手の会社が儲かっているかどうか類推できるのです。

経営状況が厳しい会社の社長の傾向としては、事業やとり扱っている商品・サービスが多岐にわたっていることを強調します。「うちはいろんな商品をとり揃えています」と、あたかも総合商社であるかのような説明をしがちで、名刺にもたくさんの事業項目や商品が羅列してあります。

おそらく、多数の事業や商品・サービスがあることを強調するのは「どれか一つでも興味をもってほしい」という意図があるのでしょう。

しかし、こうした自己紹介を聞いた人のほうは、あまり印象に残らないことがほとんどです。なぜなら、その会社の一番の強みが伝わらないからです。

一歩進んだ社長は、お客様の問題解決に焦点を当てた事業説明をします。たとえばＩＴ系の経営者は「ＩＴを通じてトータルソリューションを提供しています」という表現を使うことがあります。これは、お客様の、顕在的な問題だけではなく、潜在的な問題も幅広く解決するという意味です。

事業分野が明確に伝わるとともに「○○を解決してくれる会社」と認識できるので、聞いた人にとって多少は印象に残りやすくなります。しかし、「トータルソリューション」という説明では、数多くある同業企業との違いが理解できません。

繁栄している会社の経営者は、**事業内容を説明するときの表現が単純明快**です。例を挙げると、「うちは味噌ラーメン専門店です」といった表現です。聞いた人にとって、ラーメンの中でも味噌ラーメンへのこだわりが強く伝わってきます。「味噌ラーメンならあの店だ」と頭に刻み込まれます。

実際には、ほとんどの企業には、単一ではなく複数の事業部門や商品・サービスがあります。「味噌ラーメン専門店」と名乗っている店も、実はチャーハンや餃子もありますが、あえて専門性を強調することで、グッと印象が強くなるのです。

そのため、**特定の分野で高い専門性、独自性、強みをどんどん磨き上げていく**必要があります。もちろん、必ずしも一つの事業に限定しなくてもかまいません。

あるベンチャー企業は「当社の3コアテクノロジー」と題して、異なる技術に基づく3種類の事業を紹介しています。講演で「大切なことは3点あります」というのと同様に、3本柱方式で説明すると、印象に残りやすいといわれています。この効果は「マジックナンバー3」といわれます。

また、多数の事業があり、絞った表現をしにくい場合は、共通するコンセプトを示すことで、企業のポリシーを伝えることが可能です。

ある女性経営者は、美容院、エステサロン、ネイルサロン、ギャラリーカフェ、Web制作など、多くの店舗や事業を営んでいます。その根底にあるのは、「女性のスタッフによる、女性のお客様や経営者に対するサービス」というコンセプトです。名刺には「女性の皆さまの元気を応援します！」と記されており、企業理念が明確に伝わってきます。

自己紹介の場に限らず、ホームページや広告宣伝などで事業内容を説明する際には、短い言葉で強く印象に残る工夫をしましょう。ぜひあなたも、自社の事業を簡潔明瞭に表すキャッチフレーズを考えてください。

Road to Executive

一流は、「○○専門の会社です」と答える

簡潔明瞭なキャッチフレーズが
企業の魅力を伝える

競合への対抗策

三流は、「競合はいない」と思い込み、二流は、競合を意識して差別化を図り、一流は、どのように対処する？

企業が生き残るためには、競争戦略を練って実行することが重要です。競争戦略とは、「競争環境の中で自社の強みを生かし継続的に収益を上げる方策」のことです。とくに市場が大きく魅力的であればあるほど、他の企業が参入を虎視眈々と狙ってきます。事業経営においては、**競合（コンペティター）は誰なのか特定し、どのように対処するか戦略を実践すること**が、生き残りのために不可欠です。

ときどき「うちの競合相手はいない」と、自信ありげにいう社長がいます。その理由を問うと「技術がある」「丁寧かつ迅速に仕事をしている」など、抽象的な回答が返ってきます。確たる根拠がないのに「競合はいない」と高をくくっている社長は、とてもリスキーな状態にあるといえます。環境変化に気づかず、思い込みだけで経営しているからです。実態は、技術といっても陳腐化したもので、納期は同業他社に後れをとっていることが珍しくありません。

競合を意識しない社長は論外ですが、大多数の社長は、他社について調査し、動きをチェックしています。そのうえで、競合優位性をもつべく、差別化を図る工夫をしています。

一般的には、技術力、商品・サービスの質、価格、納期、アフターサービスなどが、差別化するためのポイントだと考えられています。これらは、お客様がどこの会社の商品・サービスを購入するかを決める際の重要な要素となるので、どの会社も競合に対する優位性をもつことに躍起になっています。

しかし昨今は、いくら差別化ポイントを研ぎ澄ます努力をしても、成果が上がりにくいのが実態です。なぜなら、規模が大きく魅力的な市場であればあるほど、多くの競合が参入するため、競合優位性を維持するのが容易ではないからです。

中には高い技術力や斬新なアイデアで、新市場を開拓して先行者利益を得ようとする企業もあります。それでも、市場が魅力的であれば、ゆくゆくは競合が参入してくるでしょう。

一流の社長は、差別化だけではなく、競合に対する「圧倒的優位性」をもつことに注力しています。


圧倒的優位性を実現するための方法とは、お客様を「信者」といえるほど熱烈なファン

にすることです。お客様が、「この会社以外から買うなんて考えられない」と思うほどのファンになれば、他社と競合することがなくなるのです。次のような方策が有効です。

○会社と商品・サービスへの信頼性を極限まで高める工夫

・購入することがステータスになる商品をつくる
・他社が面倒がってやらないサービスを提供
・お客様に合わせるカスタマイズを徹底

○「○○といえばあの会社」と思い出すブランド化

・お客様の感動ストーリーを多数紹介
・注目を集めて覚えやすい商品名やキャッチフレーズ
・「グルテンフリー」など健康のキーワードを強調

○お客様のコミュニティ化

・お客様同士がつながる場（ネット・リアル）を提供
・お客様を集めてイベントを開催

つまり、商品の品質や価格などは競合のほうが上でも、お客様が自社を選ぶ理由を明確にすることです。お客様のファン化を実現できれば、競合に振り回されなくなるのです。

Road to Executive

一流は、お客様を熱烈なファンにして圧倒的優位性を実現する

☑ ファンクラブができれば
他社と比較されることはない

ビジネス市場

三流は、「レッドオーシャン」で溺れかけ、二流は、「ブルーオーシャン」を探し求め、一流は、どんな市場を狙っている？

競争戦略を考える際には、どこの市場を狙うのかが重要なポイントになります。

既存市場で、競合が多く激しい競争環境にある「レッドオーシャン」では、中小企業が生き残れる可能性は低くなります。レッドオーシャンの市場にとどまっていると、価格競争に巻き込まれ、海の中で溺れかねません。

そこで、今や多くの企業が、競争のない未開拓の市場である「ブルーオーシャン」を探すことに躍起になります。

しかし、今や競合が全くないという事業は極めて稀で、ブルーオーシャンを開拓するのは容易ではありません。

そこで私が提唱するのは、**小さくても自分だけの「プライベートビーチ」を増やしていく**ことです。一流の社長は、小さな自社だけの市場を確保することを意識しています。

プライベートビーチとは、市場規模が小さく大きな収益にはつながりにくいので、大企業など他社が参入しない市場のことです。でも一度確保すれば、そこにある海産物などを独占できます。中小企業は、プライベートビーチをいかに確保するかがポイントになります。

プライベートビーチを確保するために有効な方法は「ニッチ戦略」です。市場の隙間（ニッチ）を狙い、そこで相対的な優位性を確保して、収益を狙う戦略です。誰も来ない市場を選ぶことによって、市場ナンバーワンになることも夢ではありません。

ニッチ戦略は、次の三つのステップを踏むと具体化しやすくなります。

【STEP1】自社の強みを洗い出す

あなたが、創業した頃のことを思い出してください。自分（または創業メンバー）の強みや特徴を意識して、それを生かした事業を始めたはずです。ところが年数が経過すると、あまり意識しないどころか、忘れてしまいがちになります。今こそ、自社の強み・特徴を再認識して、ニッチなビジネスを構築してみるのです。

【STEP2】マーケットセグメンテーションによるターゲットの絞り込み

市場を細分化して考えること（マーケットセグメンテーション）が有効です。BtoCの事業を例にとると、細分化する切り口は、「地域」「年齢」「性別」「価格」などがあります。
さらにニッチな市場を想定するには、こうした属性情報だけではなく、ライフスタイルや趣味嗜好などを加味した「コト発想」による細分化が有効です。たとえば「○○が好きな人」「○○したい人」「○○でこうなりたい人」（例：スポーツで健康になりたい）などです。

【STEP3】強み・特徴×ターゲットで事業を構築

STEP1と2を踏み、ターゲットを明確にしたら、その二つを組み合わせた事業を構築しましょう。そのための検討の切り口は、次のようなものが考えられます。

①自社がもつリソースを活用できる分野での新商品（製品）・新サービスの開発
②海外への輸出など新たな販路の開拓
③販売先（地域や対象層）を限定して市場へ浸透する

このように、競争戦略によって、自社が独占できるプライベートビーチをたくさん増やしていきましょう。

Road to Executive

一流は、自社だけの「プライベートビーチ」を狙う

☑ 独占できる小さな市場を増やしていく

会社の強み

三流は、「真面目で丁寧な仕事です」と答え、二流は、「高い技術力です」と答え、一流は、どのように答える？

中小企業庁から毎年発行されている『中小企業白書』を読むと、「企業の強み」に関する記述がしばしば登場します。**中小企業は独自の強みがあるからこそ生き残っていける、**という考え方が根底にあるといえます。

企業の強みとは、表現を変えると「企業の存在意義」「顧客が選ぶ理由」「競合優位性」などに該当します。

実は、企業にどんな強みがあるのか、さまざまな場面で外部の人からチェックされています。たとえば、人材の募集、金融機関からの資金調達、販売先の開拓などの際に、「御社の強みを教えてください」と質問されることがあるはずです。

しかし、「御社の強みは何ですか」と質問しても「うちの強みって何だろうか？」と首を捻ってしまう社長が多いのが実態です。これでは、せっかく強みがあるのに、正しく認識していない状態です。企業を繁栄させるには、自社の強みを認識し、日々磨きをかけて外部にも示すことが重要です。

「真面目に、頑固に、丁寧に、誠実に仕事をすることが唯一の強みです」と堂々と答える社長もいますが、これを聞いた人はどう思うでしょうか。「抽象的で主観的な表現であり、企業として当たり前のことにすぎない」と思い、魅力を感じることはないでしょう。

一方、「我が社の強みは高い技術力です」と答える社長もいます。ポイントを絞った表現でわかりやすいのですが、客観的な視点がないので、聞いた人がピンときません。

真に説得力のある強みとは、具体的かつ客観的な表現ができるものです。

ある機械をアフリカに輸出している企業の社長は、「我が社の強みは10万件のお客様リストを持っていることです」と言っていました。アフリカ諸国の定期的に購入してくれるお客様のリストが多数あることで、安定的な事業経営が可能であることが伝わります。

自社の強みは、意外と社長自身が正しく認識していないことがあります。まず、社内のスタッフでブレインストーミングを行う、お客様に聞いてみるなどして、具体的かつ客観的な視点で、自社の強みを発見することが大切です。

その際の切り口は、例を挙げると次のようなものが考えられます。

①販路・取引先

・安定した販売先を多く確保している　・多くのお客様リスト
・特殊な地域への販路がある　・独自の仕入ルートがある

②人材・チーム

・専門性の高い人材がいる　・人材確保のノウハウに長けている
・外部の協力者（企業）が多い

③支援者・人脈

・ＷｅｂやＳＮＳでフォロワーや登録者が多い
・自社を応援してくれる人が多い　・イベントの集客ができる
・コミュニティを形成している

また「独自の強み」は、一朝一夕にでき上がるものではありません。まず「こんな強みをもちたい」と目標を掲げて、お客様リストのように日々蓄積するなど、磨きをかけていく行動が不可欠です。ぜひあなたも、「自社の強み」をパワーアップして、強い企業を実現してください。

Road to Executive

一流は、
「10万件のお客様リストがあることです」など具体的に答える

具体的・客観的に示せるよう、
強みに磨きをかけていく

オリジナリティ

三流は、どこもやっていないことを探し、二流は、ベンチマークがやることを真似し、一流は、どんなことに取り組んでいる?

中小企業が生き残るためには、お客様が自社の商品・サービスを選ぶ理由が明確であることが重要です。多数の企業と同じ商品・サービスしかなければ、価格競争に陥って、資本力のある大企業に淘汰されてしまいます。

したがって、中小企業こそ、商品・サービスにオリジナリティを際立たせなければなりません。

そこで、オリジナリティあふれる商品・サービスを実現させたいと多くの社長は考えます。

ただ、メディアやSNSで話題になれば、大化けしてドル箱商品になる可能性もあり得ます。「オリジナリティを際立たせたい」という目的意識をもち、実現させるまでのプロセスで一流、二流、三流が分かれてしまいます。

「一発ヤマを当ててやろう」と夢見て、他の企業がやっていないことをゼロから考える社長がいます。実際、社長にはアイデアマンが多く「こんな商品があれば売れるのではないか」とユニークな商品案をポンポンと出せる人がいます。

しかし、出たアイデアの大半はすでに売られていたり、コスト面の制約などハードルが高かったりして、思うように実現できないのが実態です。いいアイデアを考えるだけでは、実現するまでがとても遠回りになります。コツコツと準備してようやくリリースする頃には、他社に先を越されているかもしれません。

商品・サービスのオリジナリティを際立たせるためには、アイデアだけではなく**「実現可能性」「実現までのスピード」**が必要なのです。

一歩進んだ社長は、他の企業がやっていることに自社なりの工夫を加える「創造的模倣」を行います。ゼロから考えるよりもはるかにスピーディです。その際、知的財産権などに抵触することがないように、細心の注意を払うのはいうまでもありません。

複数の他社からエッセンスを抽出する方法がありますが、もっと効率的なのは、市場内で先端を走っている企業をベンチマークとしてウォッチすることです。「ベンチマーク企業」の商品・サービスのいい点を研究し大胆な工夫を加えることで、オリジナリティと競合優位性が得られます。

しかし昨今は、オリジナリティある商品・サービスでも、陳腐化するのが早いのが実態です。企業が繁栄するためには、オリジナリティあふれる商品・サービスを、次々とスピーディにリリースすることが重要です。たとえ**小さなオリジナリティでも、素早く実現すれば、先行者利益を得られる**ことが多々あります。

一流の社長の特徴は、経営において圧倒的なスピードをもって取り組むことです。新しい商品・サービスを思いついたら、一刻も早く実現しようとします。とはいえ、いきなり多くの経営資源を投入するとリスクが高いので、まずは市場でテストを行います。

たとえば製造業であれば、新製品のプロトタイプを低コストでつくり、既存の取引先にモニターになって使ってもらうなどです。飲食店なら、新メニューを常連のお客様限定で提供して、食べてもらうのです。

その際、「ご遠慮なく辛口の評価をお願いします」と頼むのが有効な意見をもらうためのコツです。おべっかをもらっても、実際に販売したら売れないこともあり得るからです。

新しい商品・サービスのアイデアが浮かんだら、直ちに試作品をつくって市場でテストしましょう。オリジナリティがあって実際に売れるものを、スピーディに実現できます。

Road to Executive

一流は、アイデアを思いついたら直ちに市場でテストする

☑ ライバルを出し抜くスピードが最強のオリジナリティ

経営戦略で重要なこと

三流は、いかに優れた経営戦略を練るか、二流は、いかにリーダーシップを発揮するか、一流は、何が重要と考えている？

経営戦略とは、諸説ありますが、ここでは「企業が将来の目標に到達するための方策」と、シンプルに定義します。企業をとり巻く環境変化を踏まえて、「現状の姿」から「あるべき姿」に変革するためのシナリオだといえます。

経営戦略は、事業戦略、製品戦略、財務戦略、組織戦略、マーケティング戦略など、細分化して語られることもあります。数カ月～1年の短期的な戦術ではなく、**数年以上の長期的視点に立って策定すべき**ものです。

経営戦略を策定するための第一歩は「将来のあるべき姿」を見据えることで、次に現状の姿からどのように変革していくべきかの方策を練り上げます。

しかし、中小企業の中で、経営戦略を策定しているのは少数派といえます。

行き当たりばったりの経営では、目標を達成することはできません。企業として進化するためには、経営戦略が必須だといえます。

とはいえ、社長が「優れた経営戦略を練るのが大事」とばかりに、机上であれこれ考えているだけでは、「絵に描いた餅」です。いくら優れた経営戦略を掲げても、経営の現場に反映しなければ、企業が進化することはありません。戦略が有効に機能して、目標に近づくためには、シナリオを実行に移すことが不可欠なのです。

そこで、新進気鋭の経営者は、「経営戦略を生かすために、従業員や関係者を動かしていくためのリーダーシップが重要」と考えます。

しかし、経営者がリーダーシップを発揮して戦略を実行するのは、たやすいことではないのが実態です。

最近は日本でも、ＡＩなど最新の技術や斬新なアイデアをもった起業家が、ベンチャー企業を立ち上げるケースが増えています。

彼らは、優れた経営戦略を練り上げているだけではなく、カリスマ性も備えています。ところが、実行に移す段階で、現場が反発して経営が停滞することが珍しくありません。

今やカリスマ性のある経営者でも、号令をかければスタッフがそのとおりに働くという時代ではなくなっています。ＡＩが発達しても、経営戦略を実行に移すのは現場の人です。

経営戦略を生かすためには、現場の人たちが理解・納得して、行動に移す必要があります。一流の社長は、経営戦略を生かすために重要なのは、現場スタッフの心理に浸透させることと考えているのです。

昨今、企業の現場では、正社員だけではなく、業務委託の人や派遣スタッフ、外国人スタッフなど、多様な人たちが働いています。

仕事の現場では、個人の利益や感情、人間関係が渦巻いています。機械ではない生身の人間が、さまざまな感情をもって働いていることを忘れてはいけません。

経営戦略は、理想論ではなく、現場スタッフの立場や心情も考慮したものでなければ機能しないのです。たとえば、年配の社員が多い町工場で、急激な変化を起こそうとすれば、抵抗される可能性があります。移行期間を設け、少し時間をかけて変化する戦略が必要になるでしょう。もちろん抵抗されても、変革する姿勢は崩してはいけません。

また、若い技術者が集まったベンチャー企業であれば、「我が社のプロダクトで世界を変える」といった壮大な目標を掲げると、企業全体の意欲が向上する可能性があります。

経営戦略は、スタッフの心情を考慮した内容とし、粘り強く現場に浸透させることで初めて有効に機能するのです。

Road to Executive

一流は、
「現場スタッフの心理に浸透させること」が重要と考える

現場の生身の人間が動いてこそ
戦略が生きる

新規事業を始めたいとき

三流は、簡単に儲かりそうなものに手を出し、二流は、着実なものを探し、一流は、どうやって始める？

企業が成長するためには、**市場の変化に応じて戦略を変えていく**必要があります。同じ商品・サービスを長期間にわたって販売していると、競合に巻き込まれたりお客様に飽きられたりして、売上が停滞する可能性が高いからです。

そのため「そろそろ新規事業を始めたい」と考えて、これまでとは違う事業へ進出して、停滞を脱したいと考える社長は多いものです。しかし、新規事業への進出は、初期投資がかかるうえに、必ずしも成功するとは限りません。リスクが高いといえます。

全く異なる分野ではなく、既存事業の周辺分野のほうが成功する確率が高いといわれています。たとえば、飲食店がオリジナルドレッシングを製造して卸売業に進出するといったケースなどです。

三流の社長が犯しやすいミスが、「手っとり早く儲かりそうな事業」に手を出すことです。

例を挙げると、いわゆる代理店ビジネスで「この商品を売っていただいたら〇〇％の手数料をバックします」といった誘いに安易に乗ることです。商品の内容はよく吟味せずに代理店になり、本業をおろそかにしてまでのめり込むケースもあります。

そのような「新規事業」は、企業の経営理念とはかけ離れたもので、ブランドイメージを低下させることにつながりかねません。初期投資額はさほど大きくなくても、期待するほどの利益が出ないことが大半です。

新規事業について手堅く考える社長は、基盤のあるフランチャイズチェーンに加盟することで、成功確率を高めようとします。フランチャイズチェーンの展示会に行くと、ハウスクリーニング、介護事業、学習塾、レンタカー、飲食業など、実に多くの事業があります。

ＦＣ加盟によって新規事業を始める場合は、加盟金などの初期投資がかかります。実際に始めたら、本部の資料に出ていたモデルケースよりもはるかに売上が少なく、赤字で苦しむ社長も散見されます。たしかに新規事業をゼロから始めるよりも成功確率は高いといえますが、加盟を検討する際は慎重に判断しなければなりません。

新規事業への進出の方法として、近年活発になっているのが、他企業を買収することです。企業の株式を買いとるＭ＆Ａのほか、一部の事業だけを譲渡してもらう方法などで、新規事業へ進出する中小企業が増えています。

また、買収するのではなく、出資することで業務提携から始めるケースもあります。昨今は、後継者がいないため、設備や技術、人材などの基盤があり利益も出ているのに、他社への売却を考える企業も徐々に増えています。

買収によって新規事業への進出を考える社長は、必ずしも利益拡大だけが目的ではありません。「社会的に意義のある事業をやりたい」「昔からやりたかった事業だった」など、多様な動機で決めている傾向もあります。

他企業や他事業の買収による新規事業への進出は、**ゼロから始めるよりも投資金額が少なく基盤が得られる**という点に大きなメリットがあります。

しかし、買収には、さまざまなリスクがあることに要注意です。企業を買収する場合は、財務諸表に表れていない残業代未払いなどの潜在負債がある可能性もゼロではありません。また、オーナーが交代すれば、従業員の多くが退職して事業継続ができなくなることもあります。

こうしたリスクはありますが、日本には後継者不在の企業が多く存在していることもあり、新規事業に進出する際は、買収が有効な手段になっているといえます。

Road to Executive

一流は、企業や事業を買収して
新規事業を始める

設備・人材・取引先基盤への投資が
大きなリターンを生む可能性がある

Chapter 3

一流の「マネジメント」とは？

社員やスタッフへの対応

三流は、社員・スタッフを見下し、二流は、社員・スタッフには気を使い、一流は、どのように対応している？

成長する企業は、社員やスタッフなどのメンバーが、高いパフォーマンスを発揮して成果を上げています。

とくに社員が少ない中小企業は、社長による人材のマネジメントが業績を左右します。

ところが、人材のマネジメントで失敗している社長がとても多いのが実態です。

中小企業の社長が犯しやすい過ちが「人材は自分の手足として動く人」と認識し、社員・スタッフを見下してしまうことです。「ブラック企業」といわれるように、社長や経営陣が理不尽なマネジメントをしていると、社員の離職率が高くなります。

大企業のように中間管理職が大勢いる組織ならともかく、小さな企業は、社員が「社長のために働かされている」という思いを抱いた瞬間から働かなくなります。

社員・スタッフは、社長の言動をよく見ています。私の経験では、社員・スタッフから好かれている社長は少ないのが実態です。

実例を挙げると、社員が「社長は報酬を〇〇万円もとっている」「会社を私物化している」など、悪口を言っていました。必ずしも、社員から好かれる必要はありませんが、大きい反感を買うことがないように配慮は欠かせません。

一方で、社員・スタッフに気を使いすぎている社長も存在します。「社員は家族も同然」と公言して、大切にしようとする気持ちが強いのです。大切に思うことはいいのですが、過度に寛容だと指導力や統率力が弱くなります。とくに最近は、上の立場の人が厳しく指導すると、「パワハラ」と言われてしまう心配があるために、「優しすぎる社長」が少なくありません。すると社員は、社長への忠誠心や尊敬の念をなくしてしまう可能性があります。

中小企業における人材マネジメントで重要なのは、**「スタッフは重要なパートナー」と認識する**ことです。優秀な人材ほど、職位の上下による指示命令で動くのではなく、自分の役割を果たすために努力しようとするからです。

もちろん経営者としての強いリーダーシップは必要ですが、「パートナーシップ」の考えをベースにしてマネジメントすることこそが、最大の成果を上げるカギなのです。

最近は人手不足が深刻で、とくに首都圏の飲食店ではスタッフを確保するのが難しいという声が聞こえますが、優秀な人材を確保しうまくマネジメントしている経営者はいます。東京都内でイタリアンバルを経営するYさんは、3年ほどで4店舗出店して、どの店も行列ができるほど繁盛しています。Yさんは、多くの優秀なスタッフを集めることに成功しています。

Yさんは、年齢は40歳くらいで、常に穏やかな表情で会話がゆったりとしていて、相手を包み込む雰囲気です。「懐が深い」という印象をもちます。企業としてのビジョンを掲げて、それがスタッフにも浸透しています。

人材を確保し最高のチームをつくり上げるためには、人間的魅力を磨くとともに、ビジョンへ向かう姿勢を示すことが重要です。

もっとも、チームはしばしば崩壊の危機に直面するものです。たとえば、経営者と役員が、意見が違うなどの理由で大ゲンカするケースはざらにあります。でも、互いが納得できるやり方を見出して続けることによって、強いチームになれる可能性が出てきます。

理想は、スポーツの強豪チームのように、監督による統率に従うだけではなく、メンバー一人ひとりが自分で考えて成果を発揮する〝自立型〟のチームをつくることです。

Road to Executive

一流は、「社員・スタッフはパートナー」と考え、対応している

☑ 社長の統率力と社員の自主性が強いチームをつくる

三流は、社員を自分に服従させ、二流は、社員のメリットを考え、一流は、どうやって動かす？

社長がいくら優れた経営理念や戦略を構築しても、現場で働く人たちが熱意をもって実行しなければ、成果を上げることはできません。とくに組織が小さい中小企業は、人の働きぶりが業績を大きく左右します。しかし、「社員が期待どおりに動いてくれない」と嘆く社長は非常に多いものです。

かつては社長が、とても強い立場にあり、社員を服従させていた時代がありました。ところが今や、社長が鬼軍曹のような姿勢では、猛反発を食らってアウトです。

私がこの数年で会った社長たちは、職場環境を整備したり、福利厚生を充実させたりと、働きやすい環境をつくることに注力している人が多くなりました。

とりわけ重視しているのが、待遇面です。成果を上げた人には給料を多く出す、会社の業績がよければボーナスをはずむなど、「にんじんをぶら下げる」手法です。社員のメリットに着目しているのですが、それで一生懸命に頑張るのは一部の人に限られます。

これらは、フレデリック・ハーズバーグが提唱した「衛生要因」であり、それだけでは職務満足は得られないからです。仕事内容への興味、目標の魅力、達成感など「動機付け要因」こそ重要です。

事業の現場で働く人たちは、機械ではないので、さまざまな感情や利害が渦巻いています。小さな会社でも、二人以上の人がいれば「人間関係」があり、ひがみや妬みなどのネガティブな感情が発生することもあります。

社員を動かすには、こうした**生身の人間だからこそ抱く「感情」を無視してはいけない**のです。活気ある会社は、社長が社員の感情を刺激して、高揚させることで、大きな成果を上げています。

感情を高揚させる方法の例を挙げると、次のようなものがあります。

① 仕事をすることでスキルアップできると伝える

人は、自分がスキルアップすることに喜びを感じます。転職が増えている昨今では、市場価値を高めようとしている人も増えています。具体的に「こんなスキルアップができる」「今後の人生で役立つスキルが習得できる」など、明言してみましょう。

②夢に向かって羽ばたくイメージ

「株式上場を目指そう」など、会社が一丸として向かっていける夢を掲げることです。

③成功の達成感を強調

プロジェクトがうまくいったときなど、皆で頑張ったときに大げさなくらいに称賛してください。たとえ小さな成功でも、達成感を味わってもらうことが、チームと個人の喜びにつながります。

④変化していく

マンネリ化した職場には、沈滞ムードが漂っています。新事業への進出、配置転換、大きな展示会への出展など、変化を繰り返すことで新鮮でポジティブな雰囲気になります。

⑤「あの人のために働きたい」と思わせる

これはハードルが高いですが、社員が「社長のために頑張ろう」と思ってくれると、組織力が強くなります。方策を例示すると、社長が本を出版する、メディアに登場する、大学で講義をもつなど、尊敬できる実績を上げると社員の見る眼が変わります。

人材をうまく動かすことは永遠の課題といえますが、感情を刺激し高揚させることができると、雰囲気がガラリと変わる可能性があるのです。

Road to Executive

一流は、社員の感情を刺激し、高揚させる

夢・成長・達成感が人を大きく動かす

人材採用

三流は、ハローワークに求人を出し、二流は、人材紹介会社などを活用し、一流は、どのように採用する？

現状、中小企業の人手不足がどのくらい深刻化しているか、わかりますか？

２０１８年版『中小企業白書』によると、２００９年以降、従業員が「過剰」と答えた企業よりも「不足」と答えた企業の割合が上回っており、その差が年々広がっているとのことです。人材を採用したくても難しい実態が、顕著になっているといえるでしょう。

実際、しばしば「採用がなかなか実現しない」という声が聞こえてきます。

私は「首都圏や大都市だけの傾向だろう」と思い込んでいたのですが、先日宮崎県の郡部の町を訪れたときに、多くの社長たちが同様のことを言っていたのです。人手不足や採用難は、全国の企業に広がっていると実感しました。

さて、人材確保がうまくいくかどうかは、募集や採用の方法や工夫次第といえます。

中小企業の人材募集の手段としてポピュラーなものが「ハローワーク」を活用すること

です。ただ最近は、ハローワークに求人を出してもなかなか応募が来ないかもしれません。そのため、有料の求人サイトや人材紹介会社、求人情報誌などを利用している企業が増えています。求人サイトには、ユニークな特徴があるものも多数あり、企業の選択肢は広がっています。

しかし、募集広告を出しても、期待する人材が応募してくるとは限りません。採用コストが収益を圧迫している企業も散見されます。

ハローワークでも求人サイトでも、応募者を増やすには、記事に工夫を凝らすことが有効です。給与水準や福利厚生だけではなく、「ビジョンへの共感」「既存社員が楽しく働いている雰囲気」「スキルアップができること」など、働く人の目線で記事を書くのです。

たとえ、採用が難しい経営環境にあっても、うまく人材を確保できている社長は存在します。実は、**人材確保に苦労しない社長に共通するのは、「縁故採用」している**ことなのです。

縁故採用といっても、有力者からの紹介といった旧来の形とは異なります。

レストランを経営しているK社長の店に行くと、スタッフがたくさん働いています。他の一般的な店だと4、5名で回す規模ですが、なんと10名ものスタッフがいるのです。しかも皆、楽しそうに働いているのが印象的です。明るいスタッフが多く、お客様としっかりコミュニケーションがとれるため、いつも満席です。

K社長が採用に成功しているのは、既存のスタッフが知り合いの飲食店勤務経験者に「楽しい店だよ」といって誘ってくれているからです。その背景には、「スタッフが楽しく働ける店にする」を経営方針の第一にしていることがあります。既存スタッフも、信頼できて仕事ができる人しか紹介しないので、採用ミスもほとんどありません。

一方、独自の技術を活用してユニークな製品を次々と生み出しているS社長は、優秀な若いエンジニアを次々と採用することに成功しています。

S社長は、自分の技術や面白い事業アイデアを、大学生や大学院生に語る活動をしていました。話を聞いた学生たちは、大企業に就職した後も、S社長に憧れてしばしば集まるようになったのです。しだいにメンバーが多くなり、若い優秀なエンジニアが集まるコミュニティへと発展しました。そのメンバーたちが「ぜひ入社させてください」と、著名な大企業を辞めてまでS社長の会社に入ることを懇願するのです。

K社長もS社長も、広い意味での「縁故採用」によって、人材確保に成功しています。簡単に真似できることではありませんが、**社長と会社の魅力を広く情報発信すること**で、当初から会社のことをよく知っていて、しかも優秀な人材を確保できるのです。

Road to Executive

一流は、「縁故採用」で人材を採用する

入る前から愛社精神があって、
優秀な人材を確保できる

退職希望者への対応

三流は、辞める人に対して悪態をつき、二流は、優秀な人は引き留めようとし、一流は、どう対応する？

中小企業は、大企業と比較して社員の離職率が高いのが実態です。もし社員が「退職させていただきたい」と言ってきたときに、あなたならどのように対応しますか？

実はこの対応をおろそかにすると、後で大きな問題が発生する可能性があるのです。

ある社長は、退職希望を申し出た本人に対して「せっかく手塩にかけて育ててやったのに辞めるとは恩知らずめ」と言ったところ反感を買い、退職後に提訴されてしまいました。

「そんな奴とは思わなかった」と言っていましたが、退職後のトラブルは珍しいことではありません。

最近は、ネットで「ブラック企業」と書かれることもあるので、大きな痛手を負うリスクもあります。

本人ではなくても、他の社員に「辞めたあいつが悪い」などと言おうものなら、聞いた人は社長を嫌うことでしょう。社員が退職するときに発する言葉には、細心の注意が不可欠です。

また、よく「優秀な社員ほど先に辞める」といいますね。優秀な人は転職してスキルアップを図りたいと考えます。著名な外資系企業を渡り歩いている友人が「この会社で学ぶことはなくなったので次に行く」と言うのを聞いて、なるほどと思いました。逆に会社に何かと迷惑をかけているような問題社員が、長く勤め続けるのもよくある傾向です。

優秀な人が退職願を出してきたときに、「辞めないでほしい」と慰留する社長がいます。大きく貢献している社員が辞めると、会社の業績に影響を及ぼすこともあるので、なんとか引き留めたいという気持ちはわかります。

しかし、たいていの場合、本人の意思は固いので、覆すことは困難です。給料の大幅アップや重要なポストを用意するなど、破格の条件を提示して、引き留めに成功するケースはありますが、慎重に考えるべきです。本人が「残ってやったんだから」という気持ちになって、社長の立場が弱くなるかもしれないからです。

一流の社長は、社員が辞めるときに無理に引き留めることはありません。「人材の流出は会社の新陳代謝」と、前向きに考えるからです。辞めていく社員には、これまでの貢献に対する感謝を述べて、新天地で活躍できるようにエールを送ります。

具体的には、「君にはこれからもうちで仕事をしてほしいと思うが、よく考えてのことだろうから無理に引き留めることはやめておくよ。これまで貢献してくれて本当にありがとう。新天地でも大いに活躍することを願っている」といった感じです。

その際に、「残ってほしい気持ちがある」というニュアンスを、少しだけ出すところがミソです。全く慰留の言葉がないと、本人は「辞めてほしかったのかな」と悲しく思うかもしれないからです。たとえその人が、〝辞めてほしかった社員〟だったとしても、同様の言葉をかけるのです。退職後に余計なトラブルが発生するのを避けるためです。

また、中小企業では、一度退職しても再び帰ってくる「出戻り社員」が活躍することがあります。転職した後に「やはりあの会社がよかった」と思うのでしょう。

社員が30名ほどの貿易業の会社を営むN社長は、社員が退職するときに「転職先の会社でも頑張ってね。またうちに帰ってきてもいいよ」と言っていました。すると3年後にその社員が、同社へ戻ってきたのです。「他社の仕事を経験して、一回りも二回りも成長して以前にも増して頑張ってくれる」と言っていました。

このように、**退職する社員には、気持ちよく辞めてもらうことが非常に重要**なのです。

Road to Executive

一流は、「会社の新陳代謝」と考え、辞める人にはエールを送る

気持ちよく退職してもらえばお互いハッピー

現場のマネジメント

三流は、口頭で細かく指示し、二流は、マニュアルを与え、一流は、どんなツールを使う？

主に飲食業や小売業など、一般消費者を相手にするビジネスでは、現場のスタッフの働きぶり次第で売上が変わってきます。

たとえば、服や雑貨を売っているアパレルショップを思い浮かべてください。その店で買うかどうかは、商品の好みや値段だけではなく、店員の接客が決め手となることもありますね。あなたも、「ちょっと見るだけ」と思って入った店で、店員の接客に引き込まれてつい買ってしまったという経験があるでしょう。

現場のスタッフは正社員とは限らず、パートやアルバイト、派遣社員、業務委託の人など、多様化しています。経験の浅い人でも仕事ができるように、ＯＪＴや研修など社員教育は不可欠です。

また、日頃から、**現場スタッフをどのようにマネジメントするかで、業績が変わります。**

現場スタッフに対して、「口頭で細かく指示を出すことが大切」と考えている社長は少なくありません。しかし、残念ながら三流といわざるを得ません。

社長自身が、現場に出向くのはいいことですが、いちいち口頭でマネジメントしようとするのは効率が悪いからです。それに、過度に干渉して細かい指示を出されては、スタッフの士気が上がるはずがありません。

それに気づいた社長は、マニュアルを整備してスタッフに読ませて、マネジメントしようと考えます。

しかし、中小企業をとり巻く環境は変化が激しいので、マニュアルを作成しても陳腐化するのが早いともいえます。新人の教育には適していますが、すべてに対応できるわけではなく、現場のマネジメントには不向きな面も否定できません。

では、一流はどのようにしているのか？

スタッフ間で相互確認でき、シンプルで更新しやすいツールを使っています。

たとえば、女性靴を企画製造販売している会社のU社長が使っているツールが有効です。

U社長は、百貨店の一角などで5店舗を運営しています。現場スタッフをマネジメントするために活用しているのが、15項目ほどのチェック項目が記載された、紙のチェックリストなのです。

「お客様には常に笑顔で挨拶できたか」など、留意すべきことや実行すべきことが並んでいます。その内容は、毎週月曜日には一部を改訂し、陳腐化しないようにしています。

3年前からチェックリストを導入したところ、スタッフが項目を意識し、自主性を発揮した接客をするようになったそうです。同社の売上は順調に伸びています。

「チェックリストなんて、すぐに形骸化して役に立たないだろう」と思うかもしれませんが、侮れません。

U社長は、チェックリストをスタッフが見せ合うようにさせて、実際に行動に反映するよう、けん制機能をもたせています。チェック項目は、社長のお仕着せではなく、スタッフたちがディスカッションして決めるのもポイントです。

チェックリストを使うメリットは、**タスクを着実にこなせる、心構えや行動指針を自覚する、内容を適時に改訂できる**などが挙げられます。

チェックリストは、業種業態によっては、紙ではなくPC上で構築するほうがいいかもしれません。大事なのは、シンプルで更新しやすいツールを使うこと。チェックリストを活用してみてください。

Road to Executive

一流は、スタッフの行動指針となるチェックリストを使う

自分たちで決めたチェック項目だからこそ実行する

外注先などとのつき合い方

三流は、外部パートナーを「業者」と呼び、二流は、「うまくつき合おう」と考え、一流は、どのようにつき合っている？

最近は、外部委託を活用している企業が増えています。また、事業のプロジェクトごとに、各分野の専門家（企業）と組んで進める形態も一般的になっています。コンピュータシステム開発会社が、案件ごとにフリーのＳＥと契約して開発を進めるのが、その代表的な例です。

外注先などに「業者」という表現を使う社長は、外部パートナーを軽視しています。パートナーというよりも、自分の手下という感覚です。そんな姿勢の社長から仕事を依頼された側は、気力が失せてしまうでしょう。外部パートナーの仕事ぶりによって、会社の業績は左右されかねません。協力してくれることに感謝して、うまくつき合うことが重要です。

一流の社長は、外部パートナーについて、**「自社を支えてくれる大切なチームメンバー」**と認識して、親密なつき合いをします。

外部パートナーの例を挙げると、次のような人（企業）が考えられます。

○共同で研究開発をする先
○商品仕入先
○製造委託・試作品開発委託先
○Ｗｅｂ制作・コンピュータシステム開発委託先
○マーケティング（営業）委託先
○外注先（協力企業）
○人材派遣会社

外部パートナーとチームを組むときに、いい成果を生むために留意すべきことがあります。それは「目標の明確化」「言葉の共通化」「進捗管理」です。

この三つのポイントを押さえて事業やプロジェクトを進めることによって、高い成果を発揮することができます。

①目標の明確化

成果を上げるには、事業やプロジェクトにおいて最終的に何を達成するのか、目標を明確にすることが欠かせません。目標は、達成したい数値（金額）など、具体的に決めてチームメンバーに周知することが重要です。

② 言葉の共通化

外部パートナーと仕事のやりとりを行う際に、互いに使用する言葉（用語）を定義しておくことが大切です。たとえば、機械を販売する企業が「ユーザー」という言葉を使う場合に、製品を購入する販売先を指すのか、機械を操作する現場の人のことなのか、定義しておかないと、誤解されて仕事が進むリスクがあります。

また専門用語は、外部パートナーが意味を理解できるように、しっかりと解説してから使用することを徹底しましょう。

③ 進捗管理

外部パートナーが複数いる場合には、進捗を管理しておかないと、迷走して目標に到達できない可能性があります。「いつまでに誰が何をやるのか」を定めたスケジュール表を作成し、チームメンバーと共有する必要があります。

事業やプロジェクトの責任者は、仕事を頼みっ放しにするのではなく、計画どおりに進んでいるかチェックし、遅れている場合はスピードアップを促すことが重要です。

Road to Executive

一流は、「外部パートナーもチームのメンバー」と考えてつき合う

強力な外部パートナーがチーム力をアップさせる

Chapter 4

一流の「マーケティング」とは？

お客様や仕事を確保する法

三流は、ヒナのように口を開けて待ち、二流は、獲物を狙って狩りに出て行き、一流は、どんな方法で確保する？

いい商品やサービスがあっても、売るためにはお客様への周知が不可欠です。ヒナ鳥のように、口を開けて待っているだけでは、誰かがお客様や仕事を運んで来てくれません。ところが、何も周知せずに「景気が悪いからお客様が来てくれない」と環境や他人のせいにしている社長は少なくありません。

一方、集客を第一と考えている社長は、積極的に売り込むことを重視しています。広告宣伝、電話営業、訪問営業などを駆使し、顧客層へのアプローチを展開しようとします。まるで、ハンターが獲物を狙って狩りに行くようなスタイルです。

こうした「ハンター型」の活動は、ある程度の集客効果は期待できますが、営業スタッフに大きな負担がかかります。大半の中小企業は、成長市場ではなく限られた市場をターゲットにしています。単発のお客様を集めるだけでは、限界がきてしまいます。

一流の社長が実践しているのは、お客様との関係を大切に構築していく「ファーマー型」の活動です。つまり、**お客様を集めるだけではなく、ファンになってもらうことで、リピーターを育てていく**イメージです。リピーター（固定客）を多く確保して、一人のお客様（1社の取引先）から繰り返し得られる売上を増加させていきます。

リピーターを確保するためには、次のような活動サイクルを回す必要があります。これらの活動を並行して継続的に行うことが、安定した収益につながるのです。

①見込客集客

自社の商品・サービスに興味を抱いて、来店や問い合わせをしてくれる人（会社）を増やすための活動です。

たとえば、チラシに粗品進呈のチケットをつけて来店時に連絡先を書いてもらう、Webサイト上で無料の資料やサンプル品（「オファー」といいます）を提供して名前とメールアドレスを集める、といった方法です。集めた見込客は、リスト化してアプローチができる状態にしておきましょう。

②見込客フォロー

見込客に対して、購買（取引）につながるようアプローチする活動です。注意すべき点は、「セールス色」が強くならないようにすることです。見込客に対して、参考情報を掲載したニュースレターを送るなど、信頼関係を築くことを第一としましょう。

③ 購買客化・購買客フォロー

①・②の活動により、初めて商品・サービスを買ってくださったお客様に対して、リピーターになっていただけるようにフォローします。フォローの方法の例を挙げると次のようなものがあります。自社の商品・サービスに合った方法を採用して実施してください。

○サンキューレター　　○シーズンレター（誕生日やクリスマスなど）
○アフターサービス　　○定期的メンテナンスサービス
○ニュースレター　　○メールマガジンによる情報提供
○イベントへの招待　　○御用聞き営業

ファーマー型活動の前提として、重要なのは、**自社にとってリピーター（固定客）とはどんな人（企業）なのかを、定義する**ことです。住宅を売る工務店であれば「リフォームなどを10年スパンで依頼してくださる世帯」、飲食店だと「月に2回以上来てくださる方」など、期待するお客様を決めることによって何をすべきかが見えてきます。

あなたの会社もぜひ、ファーマー型活動によって経営安定化を目指してください。

Road to Executive

一流は、お客様との関係を築く「ファーマー型」の活動を展開する

☑ お客様をファン化・リピーター化できれば自社を支えてくれる

三流は、自分が納得するものを売り、二流は、ニーズにマッチするものを売り、一流は、何を売る？

どのような商品・サービスを売るのかという観点について、社長の考え方次第で売れ行きが変わります。

頑固職人のような社長が、「いいものをつくれば売れる」と思い、とことん品質にこだわっても、お客様が「ほしい」と思わなければ売れません。

かつて日本の電化製品には、技術力を駆使して多くの機能を盛り込んだ「全部入り」のような製品がありました。技術先行型の商品を、マーケティングの強化によって売り込む「プロダクトアウト」の発想があったといえます。

その後、世の中が便利になるにつれ、顧客ニーズは多様化し、優れた機能よりも気軽に使えるものを求める人も出てきました。そのため、商品・サービスが売れるためには、「プロダクトアウト」ではなく、お客様のニーズや意見を汲みとったものであるべきという

「マーケットイン」の発想が重要と考えられるようになりました。

ただし、中小企業においては「プロダクトアウト」「マーケットイン」という二元的な発想では期待どおりの成果は出せません。

大半の中小企業は、限られた市場をターゲットにしているので、新規顧客を開拓すること以上に、リピーターを増やすことが重要だからです。

そのため、**お客様一人ひとりに焦点を当てた、商品・サービスを提供することが有効**なのです。

中小企業が強く意識すべきなのは、商品・サービスそのものではなく「お客様が求める最終的な満足」を売ることです。お客様が商品・サービスを購入する目的は、それがほしいというよりも、その先にある満足を得ることなのです。

たとえば、若い男性がアパレルショップで服を買うのは、「意中の女性に気に入られたい」という希望があるかもしれません。レストランであれば、「おいしい料理を食べること」ではなく、「一緒に行った人と仲良くなること」が求めている満足かもしれません。

お客様が求める満足は、人それぞれです。個々のお客様の「求める満足」を把握して、それを意識した商品・サービスを提供することがリピーター化に直結します。

お客様が求める満足を把握するのは決して容易ではありませんが、意識して観察したり会話したりすることで見えてきます。「あの人は何の目的でうちの商品を買うのだろう?」と想像すれば、営業や接客の現場でお客様が本音を語ってくれる可能性が高まります。

中小企業の強みの一つは、**お客様や市場の特性に応じてカスタマイズした商品・サービスを臨機応変に提供できること**です。

ユニークな事例を挙げると、海外に中古自動車を輸出しているN社長は、現地は地雷が多いため、脚が不自由になってしまった人が多いことに気づきました。

そこで、脚が不自由な人が、車を手で運転できる装置を開発したのです。着脱が簡単にできるので、1台の車を家族が使い回すことができます。同様の既存製品はありましたが、とりつけると外せないので、その人専用の車になることが不便でした。

「脚が不自由でも家の車を運転してドライブしたい」という望みを叶える製品を提供して喜ばれているのです。

さて、あなたの会社は、誰のどんな満足を売っていますか?

ぜひ「お客様が求める最終的な満足」を意識して商品・サービスの開発や接客サービスを行ってください。

Road to Executive

一流は、「お客様の最終的な満足」を売っている

☑ お客様は満足した自分を想像すると迷わず買う

自社の商品・サービスの周知方法

三流は、地道に仕事して口コミを期待し、二流は、バズを狙い、一流は、どのように周知する？

社長に対して「どのようにして集客されていますか？」と質問すると、商品・サービスの周知活動への取り組み姿勢がわかります。

業績が芳しくない社長ほど「うちは宣伝しなくても口コミでお客様が来てくださる」と答える傾向にあります。今や、小さな会社が周知活動を何もせずに口コミだけで集客できるほど甘くはありません。

最近は、インターネットやSNSが発達しているので、周知方法の選択肢は非常に多くなっています。SNSでの投稿が良くも悪くも、大きな影響を及ぼすことがあります。

たとえば、たった一人のつぶやきが拡散して、それまで無名だった商品が爆発的に売れるようになった、という現象が起こることもあります。こうした現象を「バズった」と呼ぶことがあります。英語のbuzzが語源になっており、主にソーシャルメディアでの話題が一躍有名になる現象です。これも口コミの一つといえますが、人と人がリアルで会って伝わる口コミよりも、はるかに速く強力な拡散力があります。

最近は、バズを狙おうとする「バズマーケティング」が活発化しています。また、ソーシャルメディアなどで知名度が高く影響力のある人に頼んで、話題にしてもらう「インフルエンサーマーケティング」を行う企業も増えています。

しかし、商品・サービスについては、そう簡単にバズることはないのが実態です。一歩間違うと、逆に炎上するリスクもはらんでいます。もし商品が爆発的な話題となったとしても、十分な供給ができない事態になりかねません。テレビで紹介された飲食店でよくあるように、一時的な繁盛にすぎず長続きしないかもしれません。

中小企業の商品・サービスの周知方法としてお勧めなのは、**小さなトピックの情報発信を積み上げていくこと**です。

ある農産物を通信販売している S 社は、定期的に「今年の初収穫ができました」などの情報を自社のブログで写真を入れて紹介しています。収穫している農家の人たちが楽しそうな笑顔で写っています。読んだ人は、この企業や商品に親近感を覚えるでしょう。

情報発信の媒体は、自社サイトやソーシャルメディアなどを活用しますが、決して派手な内容にする必要はなく、むしろ何気ない話題でいいのです。定期的にトピックの紹介を継続することで、徐々に注目が集まります。

大事なのは、商品・サービスのストレートな宣伝は20％以内に留め、**見た人が興味をもつこと、共感すること、役立つ情報**を中心にすることです。具体的には次のような情報です。

○商品開発の感動ストーリー
○お客様の喜んでいる声や姿
○社長やスタッフの自己紹介
○見た人にとって役立つ情報
○現場でスタッフが楽しそうに働いている姿

こうしたトピックや情報を、文章や写真のほか、動画に撮って発信するのです。

最近は、自分の動画を撮影してユーチューブに登場している社長も増えています。「動画を撮るなんて気恥ずかしい」と言っていたのに、いざ始めると楽しんで続けている人もいます。動画で役立つ情報などをたくさん紹介すると、視聴回数が増えて、商品の売れ行きにも加速がつきます。

何もしなければ何も変わりません。今日からでもトピックを発信していきましょう。

Road to Executive

一流は、小さなトピックを積み上げて注目を集める

☑ 興味、感動、共感を集める情報が有能な営業マンになってくれる

商品・サービスの値付け

三流は、低価格にして薄利多売を狙い、二流は、平均的な価格に設定し、一流は、どんな値付けをする？

商品・サービスの値付けは、経営にとって非常に重要なことですが、同時に難しく悩ましいことでもあります。

中小企業が陥りやすい過ちは、自社の商品・サービスの値段を安くしすぎてしまうことです。「安いほうが売れる」「薄利多売を期待する」といった発想に基づいているのですが、期待どおりにならずに苦労します。

中には「お客様に喜んでいただくために安くする」という社長もいますが、十分な利益を得られなければ企業の存続が危うくなります。

当たり前のことですが、低価格だと、損益分岐点売上高（収支トントンになる売上高）を達成するために、多くの数量を販売しなければなりません。10万円の売上を得るには、単価が５０００円だと20個でいいですが、１０００円だと１００個売る必要があります。

そんな単純な計算もせずに、安易に低価格にするのは絶対に避けるべきです。

たとえば、ティッシュペーパーなど日用品であれば、他店でも同じ商品が買えるので、低価格にすると飛ぶように売れることがあります。しかし、中小企業が売る商品・サービスの多くは、他で代替できないものです。**お客様は「値段が安いから」ではなく「ここでしか買えないから」購入するのだと考え、自信をもってください。**

また「業界や同業種の企業と横並びの価格設定をする」のが、一見無難のように思えますが、実は激しい競争環境へ飛び込むようなものです。

たとえば、美容院が地域の同業他店と同じような料金にすると、顧客となる消費者は「その他大勢の美容院の一つ」と思い、他店との違いを明確に認識することはないでしょう。

むしろ、同業他社よりもかなり高い価格設定をすることで、成功している事例はたくさんあります。

神奈川県の小さな街にある美容院を営むB社長は、周辺の同業者と比べて倍以上の料金設定をしていますが、固定客を多く確保して高い収益を上げています。お客様は、「高いからこそレベルの高い施術が受けられる」と意識しているからです。

また、宮崎県児湯郡川南町では「ＮＥＸＴ７１６」という高級バナナが栽培されています。このバナナは、特殊な栽培方法で生産されており「皮もおいしく食べられる」という珍しいものです。

小売価格は、なんと1本だけで500～800円と破格です。普通のバナナのように房売りではなく、1本売りで高価格にしたことで高級感が増大しています。関東・関西の高級スーパーでよく売れているそうです。

中小企業の値決めは、**「お客様が買ってくださる最高の価格」で設定すべき**なのです。値段は、商品・サービスの価値を想像させる要素の一つです。「安かろう悪かろう」「安物買いの銭失い」という諺《ことわざ》のとおりで、安いものはそれなりの品質だと思われてしまいます。

もちろん、たんに高くすればいいわけではなく、商品・サービスを他にない魅力あるものにすることが、その前提として不可欠です。

また、松竹梅といった価格帯の異なる商品構成、お試しのための低価格の商品、期間限定セールなど、商品・サービスの特性に応じた価格戦略も重要です。

新商品・サービスをリリースするときには、最初に高い価格にしておけば、割引することで効果が出ることもあります。しかし、低価格だったものを値上げするのは容易ではありません。中小企業こそ、思い切った高価格設定にすることが、高収益につながるのです。

Road to Executive

一流は、お客様に喜んで買って
いただける最高の価格にする

高い値段の商品・サービスは
一目置かれる

ターゲット

三流は、「全世界の人がターゲット」と考え、二流は、居住地域や年代、性別を想定し、一流は、お客様をどのように想定する？

繁栄している企業は、自社がターゲットとする顧客像を明確に想定しています。

全世界のすべての人が買ってくれる商品があれば理想的ですが、現実にはあり得ません。

あるネット通販をしている社長が「先日、海外からも注文が来たから、世界を相手に商売できるかも」と喜んでいましたが、たまたまのラッキーと思ったほうがいいでしょう。

「こんな人にもあんな人にも買ってほしい」と欲張ってターゲットを広げると、それぞれのお客様のニーズに合わせるために、商品開発やマーケティングのコストが膨らみます。

経営資源が乏しい中小企業が、幅広いターゲットを狙うのには無理があります。

ほとんどの社長は、ターゲットとする顧客を絞り込むことの重要性は認識しています。

しかし、「どんなお客様がターゲットですか？」という質問に対し、「うちは県内の30～40代のオシャレな女性が多いです」と、既存のお客様の特徴を思い出して答える社長は少なくありません。

厳しいですが、今の顧客層に合わせて「後追い」で経営しているだけだと私は思います。新規のお客様を増やすためには、**本当に買ってほしいお客様はどんな人なのか、具体的なターゲットを想定したうえで経営することが重要**です。

ターゲットとする顧客像については「○○駅周辺の会社に勤めている30代のＯＬ」のような表現をするのが一般的です。お客様になってほしい人たちを、まとめてグルーピングする方法です。しかし、これでは大雑把なので、商品・サービスやマーケティングを練るときに、具体的なイメージが湧きません。

そこで、ぜひやっていただきたいのが、ペルソナを設定することです。ペルソナ（Persona）とは、自社や自社の商品・サービスの価値を評価してくれる一人の象徴的な顧客像のことを指します。すべてのお客様を満足させることは困難です。では、誰を満足させるべきか？　その「誰」がペルソナなのです。

ペルソナは、氏名、年齢、性別、居住地、職業、年収などに加えて、趣味、嗜好、価値観、家族、生い立ち、ライフスタイルなど詳細な情報を盛り込んで設定します。まるで実在する人物のように、リアリティある表現にすることが重要です。

たとえば、アパレルショップのペルソナの例を挙げると、次のような内容です。
「上野光子さん29歳。横浜市出身。外資系のIT企業で社長秘書を務めており年収1000万円、東京都港区のマンションにトイプードルと一緒に住んでいる。大手広告代理店に勤める2歳下の彼がいて、週2回ペースのデートではイタリアンレストランで食事することが多い。ケーキよりも和菓子が好きで、春に桜餅を食べるのを楽しみにしている…続く」

ここまで詳細にペルソナを想定する目的は、具体的なお客様を強くイメージすることです。ペルソナを満足させるように、商品・サービスをつくり込み、マーケティングも実施していきます。

「ここまで絞るとお客様が限定されて減るのではないか」と思うかもしれませんが、逆に増える効果があるのです。ペルソナの視点で商品・サービスの提供やマーケティングを行うことで、強く訴求することができます。**特定の一人に響く商品・サービスは、具体的になるので、共通する属性がある人たちにも魅力的**だからです。

またペルソナは、BtoCに限らずBtoBのビジネスでも有効です。さあ、あなたの会社が理想とするお客様はどんな方ですか?

Road to Executive

一流は、ただ一人の象徴的な
お客様（ペルソナ）を想定する

ペルソナに強く訴求できれば
お客様が増えていく

ブランディング

三流は、「うちには必要ない」と思い、二流は、積極的な広告宣伝で認知度を高め、一流は、どのように取り組んでいる？

ブランディングとは、顧客にとって魅力や価値のあるブランドを構築することで、文字どおり「ブランド力」を高めることです。

ブランド力は、かつては大企業特有のものととらえがちでしたが、今や小さな企業こそ重要な要素です。もし「ブランド力なんてうちには必要ない」と言っている社長がいたら、自社の存在意義を否定しているのと同じです。ブランド力が全くない企業は、お客様からまず選ばれません。

そもそもブランドとは、何でしょう。牧場主が家畜に焼き印を押すことで区別していたことに由来する言葉という説がありますが、今は区別するだけではなく「価値あるものとしての認知度」という意味で使われています。

つまり、ブランディングとは、**お客様や周囲から自社が価値のある企業と認知してもら**

う活動のことを指します。「あの企業は○○で有名だ」「○○を買うならあの店」というように、お客様から思い出してもらえれば、ファンが増える効果があります。

中小企業も、自社の存立基盤を明確にして商品・サービスを際立たせることで、ブランド力が高まるのです。

ブランド力を高めるには、積極的に広告宣伝を行って認知度を上げることが一つの方法として有効ですが、それは大企業の戦略です。資金力が弱い中小企業は、広告宣伝以外の方法を駆使したブランディングを実行しましょう。効果的にブランディングするための方法はさまざまありますが、次のようなものがお勧めです。

①ニッチでもナンバーワンになる

ニッチな分野でいいので、業界ナンバーワンになることです。たとえば「看板の効果的なつけ方なら日本一です」など、他の企業が言っていない文言を使うなどして、話題性を提供すると効果があります。

②継続的な情報発信

ホームページやブログ、SNSなどで継続的に情報発信することが有効です。その際のポイントとしては、「宣伝になりすぎないようにする」ということです。役に立つ情報や面白い動画など、見る人が興味をもってくれる内容がベストです。その中でさりげなく「うちは○○でナンバーワン」といった情報を盛り込むといいでしょう。

③ 紹介してもらえる仕組みづくり

自分（自社）で「うちはすごいですよ」と主張しても、簡単には信用してもらえません。他の人から「○○といえばこの会社」と紹介してもらえると、信用が一気に高まります。

紹介してもらうためには、既存のお客様や関係者、スタッフとのつき合いを大切にすることが第一です。また、受注があれば迅速丁寧に対応することで、顧客満足度が高まり、いい口コミ効果が期待できます。

④ 誇れる業績を積み上げる

会社や商品・サービスについて客観的評価を高めることが、ブランディングにつながります。メディアに掲載される、コンテストや品評会で入賞するなど、他者から高く評価されると誇れる業績になります。プレスリリースやコンテストへの出場などに、積極的に取り組みましょう。勝ちとった業績は、ホームページなどでさりげなく自慢すると効果大です。

Road to Executive

一流は、
誇れる業績をさりげなく
自慢してブランディングする

「○○といえばあの会社」
と思い出してもらうことがブランド力

Chapter 5

一流の「財務マネジメント」とは？

財務マネジメント

三流は、どんぶり勘定でさっぱりわからず、二流は、税理士に任せきり、一流は、財務分析をどうしている？

事業活動の中で、もっとも重要なことの一つがお金を回すことです。社長が抱える不安の大半は、お金に関係することです。赤字の場合はもちろんのこと、たとえ黒字でも資金繰りや資金調達の課題に頭を悩ませています。

私の感覚では、８割以上の社長は、数字（財務）のことが苦手で、マネジメントできていないといえます。「どんぶり勘定」で、さっぱり把握していない社長もいるほどです。

また「財務のことは税理士に任せるもの」と考える人も少なくありません。税務申告や月次試算表の作成は税理士に依頼するとしても、**財務マネジメントは経営者自身が行うべきもの**です。なぜなら、自社の計数を把握して投資や資金調達など、重要な経営判断は自分自身でしなくてはならないからです。

経営者が把握すべき重要な数字は、①収益構造、②資産負債状況、③資金繰りの三つです。

①収益構造

収益構造分析の第一歩は、売上・利益の推移と経営環境や事業活動の振り返りです。数年前から直近までの売上高を見て、傾向や背景を分析します。過去の実績を振り返ることで、今後実行すべきことが見えてきます。

次に自社の事業部門（商品・サービス）別の収益状況を分析しましょう。部門別の売上、原価、経費を計算して、表を作成することです。

最後に、原価や経費の内容のチェックです。これは次の観点で分析してください。

○原価率や経費が業界平均値とくらべてどうか
○経費の中で無駄なものはないか

②資産負債状況

資産負債状況とは、決算書の貸借対照表に記載されているような資産と負債のバランスです。重要なのは、貸借対照表の数字と実態を比較して把握することです。

貸借対照表では、各勘定科目の実態をチェックしてください。たとえば、「売掛金」が３００万円だとしましょう。その中に回収が見込めないものが30万円あれば、実態の売掛金は２７０万円です。

負債の部では、役員や身内からの借入があって、返済不要なら負債とみなさなくてもいいでしょう。

こうして資産負債の実態を把握すれば、実質の自己資本（純資産）がいくらなのか、算出することが可能です。自社の実質自己資本を把握すれば、安全性を客観的にチェックすることができます。

③ 資金繰り

資金繰りは、中小企業にとって非常に重要です。近い将来の資金繰りを予測して、早めに手を打つことで資金の枯渇を防ぐことができます。

資金繰りを予測するツールとしては、「資金繰り表」が有効です。直近の実績と、向こう半年～1年先の入出金を月別に計上して、月末の現預金残高を予測するものです。もし「3カ月後に資金不足になりそう」と判明したら、すぐに資金を増やす行動が必要になります。

以上のような分析を行えば、事業活動と数字の関係が見えてくるので、今後の経営改善を検討する材料になります。難しいからといって財務から目を背けず、数字に強い社長になってください。

Road to Executive

一流は、
「収益構造・資産負債状況・
資金繰り」を注視している

数字に強い社長になれば上位20%に入る

決算書の利益

三流は、利益を出し金持ちになりたいと考え、二流は、収支トントンくらいでよしと考え、一流は、どのように考えている？

中小企業の社長の多くは、決算期が近づくと「決算書の着地はどうなるだろうか」と心配するものです。

三流の社長はいつも「利益が出せるようになって金持ちになりたい」と願っていますが、目の前のお金を稼ぐことに精いっぱいで、決算書の着地のことを考える余裕はありません。

もちろん、会社に利益が出ていて、税務申告書の所得金額が大きくなれば、法人税など税金の額も大きくなります。

そのため、中小企業の社長の大半は「できれば税金は少額にしたい」と考えているのが実態です。その背景には「税金を払うのが嫌」という気持ちがあります。

しかし決算書が赤字になってしまうと、銀行融資など資金調達のときに困ることがあります。そのため「収支トントンくらいで少し利益が出ているくらいがいい」と考える社長が多いといえます。

利益が大きすぎると思うと、決算期の期末月に取引先に頼んで発注日や納品日を月明けにして、売上を翌期送りにする社長もいるほどです（売上の翌期送りは税務調査の対象になることがあるので要注意です）。

一流の社長は、**「利益を出して税金を払うことは企業の社会的責任」**と考えて、決算書に大きな利益を計上することを目標にしています。もちろん会社が儲かったら、社員へも給料を増額するなど還元する姿勢をもっています。

ただし、中小企業の業績は、毎期増収増益というわけではありません。山あり谷ありで、ときには経済環境の激変があると、大きな赤字を計上することもあります。また、「今年は売上をつくるよりも新製品の開発に注力すべきとき」と判断すべきときもあり得ます。

特許技術を多数もち、エネルギーを効率的に使える装置を開発しているM社の決算書を見ると、黒字と赤字が交互に現れるような推移になっています。

同社は、新製品の開発を積極的に行っており、開発期間の平均は1年半です。「今年は開発強化の年にしよう」と決断すると、マンパワーなどの経営資源を開発中心にシフトするのです。

新製品の開発が完了したら、その翌期には再び販売のための営業活動に注力します。このような経営方針のため、3年くらいのサイクルで成長を遂げているのです。利益が多く出た年は納税額が多くなり、赤字の年は少なくなります。

同社のH社長は「年によっては赤字を出す覚悟で次のステップにつながる製品開発をしなければならない」と言います。

上場企業は、株主から毎期の業績向上を期待されます。それに対して中小企業は、必ずしも決算期を基準にしなくても、**数年を通じて収益を向上させていくという経営方針**でもいいのです。

H社長は赤字決算のときに、金融機関へ融資を申し込んだことがあります。前期決算が赤字だったので、金融機関はなかなかOKしてくれませんでした。

そこで、「3期を通じて成長する」という経営方針を説明したところ、理解が得られ希望どおりの融資を受けることができたのです。

「きれいごと」と思うかもしれませんが、企業は利益を上げて税金を払うことが社会的責任の一つです。ただし、必ずしも単年度の利益を追い求めるのではなく、ときには赤字を覚悟して耐え、数年をかけて増益していくことを目指していただきたいと思います。

Road to Executive

一流は、「利益を出して税金を払うのが企業の責任。ただし、ときには赤字を覚悟すべきときもある」と考えている

☑ 単年度ではなく
複数年度をかけて増益を実現する

自己資本比率

三流は、借入依存の状態を抜け出したく、二流は、無借金経営にするのが理想と考え、一流は、どう考える？

自己資本比率とは、企業の総資産（自己資本＋他人資本）に占める自己資本（純資産）の割合のことで、企業の財政状態の健全性、安全性を示す経営指標の一つです。自己資本比率は、他人資本（仕入債務、借入金、社債など）が少ないほど高くなります。

自己資本比率は、数値が高いほど健全性や安全性が高いと判断されるのが一般的です。中小企業庁の『中小企業実態基本調査』を見ると、調査対象企業の自己資本比率の平均は40・47％（２０１７年度）と、比較的高い数値になっています。

ただ、おそらく調査対象企業は、比較的良好な業績の企業が中心になっていると推測されます。私の感覚では、中小企業全体の平均はかなり低いのではないかと見ています。

赤字が続いている企業の場合は、借入への依存度が高いのが普通です。たとえば資本金が５００万円でも、自己資本が２００万円と毀損《きそん》している企業があります。さらに厳しい場合は、自己資本がマイナスとなっている「債務超過」となります。「なんとか利益を出して借入依存の状態を抜け出したい」と、もがいている社長も少なくありません。

また、社長の中には、自己資本比率を高くすることを目標にしている人がいます。建築業を営むO社長は「自己資本比率を高めて無借金経営にしたい」と言っていました。

O社長のように、無借金経営を理想とする社長は多いのですが、借入をしない姿勢は必ずしもいいこととはいえません。

その理由は次の3点です。

①企業の成長が鈍化する可能性

企業経営は、手堅く現状維持をしようとすればするほど、リスクをとらなくなるので、むしろ縮小していく傾向になります。自己資本に限定した資金の中で事業をするのは、積極的な展開をしていないため、企業の成長が鈍化する可能性があります。

②利害関係者から評価されない

企業は、利益を上げて内部留保を蓄積すればいいというわけではありません。利害関係者（ステークホルダー）であるお客様、社員、株主、取引先、地域社会などから支持されてこそ存在意義があります。

もし社長が、社員に「我が社は無借金で安泰だ」と言ったら、社員は喜ぶよりも「そんなに儲かっているならもっと給料を上げてくれよ」と思うかもしれません。利害関係者から評価されなければ、たとえ自己資本比率が高くても、存立基盤が揺らぐ可能性もあるのです。

③ 銀行からタイムリーに融資を受けにくい

銀行は、無借金の会社から初めて融資依頼があると「怪しくないか」と警戒するものです。融資取引の実績があれば信用があるので、タイムリーに融資をしやすくなります。

自己資本比率は、前述の『中小企業実態基本調査』の平均値である40％以上あることが望ましいのは事実です。

しかし**社長の役割は、企業を成長させて利害関係者にも評価されること**です。安全性だけを重視して高い自己資本比率を追求するのではなく、他人資本も活用し、リスクをとって会社を成長させることが重要と認識してください。

結果的に自己資本比率が高まり、強い企業になれるのです。

Road to Executive

一流は、
「高い自己資本比率が理想では
なく、リスクをとって成長する
ことが重要」と考えている

上場企業でなくても
利害関係者から注視されている

資金繰りが崖っぷちのとき

三流は、すぐにあきらめてバンザイし、二流は、手っとり早い借入でしのぎ、一流は、どのようにする？

30年以上の長年にわたって続いている企業の社長に「これまで存亡の危機に直面したことはありますか？」と質問すると「資金繰りが大変だった」「全財産が1万円になったことがある」「倒産寸前だった」など、とても苦労した経験を語ってくれます。

そう、そのほとんどが、資金繰りに窮したという話です。**お金に関する大ピンチを乗り越えて、今の繁栄を実現している社長がとても多い**のです。

「今月末が厳しい」「機械が壊れたのに修理代が足りない」「お金が減ってきてなんとなく不安だ」など、緊急性や深刻度はそれぞれですが、経営者なら必ずといっていいほど、お金のピンチを経験するものです。

儲かっていた会社でも、「取引先が倒産して売掛金が焦げついた」など不測の事態に直面して、資金繰りに窮することがあり得ます。私が金融機関で融資の審査を担当していた頃に「今月末までに融資が出ないと倒産してしまいます」と、血相を変えている社長に会うことがありました。

こうした「資金繰りが崖っぷち」の状態に直面したときに、すぐにあきらめて破綻してしまう社長がいる一方で、ピンチを乗り越えV字回復する社長もいます。ピンチでもしぶとく乗り越えられる社長だけが、事業を長く繁栄させることができるのです。

ピンチに直面したら右往左往せず、冷静に解決方法を模索して行動することが、乗り越えるために必要なことです。資金繰りのピンチを乗り切るためには、資金を増やす行動が欠かせません。資金を増やす行動の例を挙げると、次のとおりです。

【収入を増やす】

○売上・営業外収入を増やす　○売掛金の回収を早くする　○資産を売却する

【支出を減らす】

○原価を減らす　○支払いを遅くする　○経費を減らす

【資金を調達する】

○融資を受ける　○出資を受ける

ご覧のとおり「当たり前のこと」といえる内容ですが、どれを行うべきか検討して早急に実行することが重要です。

資金繰りが崖っぷちになったからといって、安易に高い利率のところから借入をするのは避けるべきです。返済負担が大きければ、ますます資金繰りが厳しくなり、行き詰まる可能性が高くなります。

資金繰りの崖っぷちを乗り越えてV字回復している社長は**「絶対にあきらめない」という強い意志をもっており、解決策を粘り強く考え抜いて実行しています。**

特殊な機械を製造しているN社長は、新製品の開発費用がかさみ、社員の給料も払えないほどの窮地に陥ったことがありました。銀行から融資も断られてしまい、考えに考えてひねり出した奇策が「特許権を売る」というものでした。

もちろん、N社長にとって非常に大切な特許権でしたが、新事業にシフトするため手放すことを決意したのです。運よく大企業に高額で売却できて、その後は順調に成長しています。

万一、資金繰りの崖っぷちに直面しても「必ず解決策はある」と信じて、粘り強く考え抜いてください。

Road to Executive

一流は、崖っぷちから這い上がる奇策をひねり出す

「火事場のバカ力」を出して
V字回復を実現しよう

金融機関とのつき合い方

三流は、必要なときにのみ融資を依頼し、二流は、支店長と懇意になることを心がけ、一流は、どのようにつき合う？

中小企業にとって、金融機関はうまくつき合って活用すべき存在です。融資だけではなく、コンサルティング、ビジネスマッチング、補助金申請支援など、経営に役立つサービスを提供してくれます。

金融機関とのつき合いは預金取引が主体で、資金が必要になったときだけ融資を依頼するというスタイルでは、うまく活用できているとはいえません。

また、必要なときにスムーズに融資を受けるために、金融機関の担当者や支店長と懇意になりたいと思う社長は多いのですが、せっかく親しくなっても転勤してしまうことがあります。

社長たちが集まる場では「いい担当者の後任には逆のタイプが来る」という声が聞こえてきます。担当者や支店長と懇意になっても、後任の人とはなんとなく馬が合わないというのは、よくある話です。懇意になるだけでは、あまり意味がないのです。

一流の社長は、「金融機関を使い倒している」といえるほど、うまく活用しています。融資はもちろんのこと、各種のサービスについても、いい条件で利用しています。

金融機関を活用するためには、次のような取り組みが効果的です。

① 3行以上と取引する

金融機関は3行以上と取引して、選択肢を広げておくことが大切です。1行から融資を断られても、他が支援してくれることもあります。取引行を増やすには、まず預金口座を開設し、そこに売上などのお金が入るようにして、信用を積み上げていきましょう。

②「横から目線」で接する

社長と金融機関の担当者は、対等な立場です。お金を借りる弱い立場と思ってへりくだる必要はなく、逆に「俺は客だ」という「上から目線」の態度もＮＧです。相手の立場を考えながら、対等な立場で話をする「横から目線」を意識して会話してください。

すると「今の支店長はイケイケなので審査が通りやすいですよ」といった本音の情報も聞けたりします。

③金融機関にもメリットを与える

自社のメリットを求めるばかりではなく、金融機関にも儲けさせることを考えましょう。銀行など民間金融機関は、収益を与えてくれる企業を優良顧客ととらえています。また、ときには担当者のために、ノルマを達成する協力もしましょう。

④定性情報を提供する

金融機関の担当者は、あなたの企業の事業内容や強みについて、十分に把握していないことがあります。とくに数字に表れない「定性情報」について、最新情報を提供してください。「新事業を始めた」「新聞に掲載された」など、前向きな情報こそ積極的に知らせましょう。

そうした情報は、記録されて後任の担当者にも引き継がれる可能性が高いのです。

⑤銀行員にとって勉強になるノウハウを提供する

金融機関の担当者には、能力を高めたいという向上心にあふれる人が少なくありません。最新技術のことや業界の動向など、知識向上につながるノウハウを提供すると喜ばれます。

Road to Executive

一流は、3行以上と取引して「横から目線」で情報交換する

☑ 金融機関を使い倒せば
会社の業績が向上する

融資を利用するときの姿勢

三流は、苦しいときに「どうか……」と懇願し、二流は、「借りてもいい」という態度で接し、一流は、どんな姿勢で融資を利用する？

金融機関について「晴れの日に傘を貸して、雨の日は傘をとり上げる」と表現されることがあります。企業の業績がいいときは「ぜひ融資をご利用ください」と言うのに、悪くなると「融資したお金を返してください」と豹変するのを揶揄《やゆ》した表現です。

金融機関に勤めていた私の見解としては、これは今でも7割くらい当たっていると思います。ただし「雨の日は傘をとり上げる」といっても、昔の「貸し剥がし」のようなことはありません。審査が厳しくなり、なかなか融資してくれないという意味です。

企業の業績が悪いときに、傘（資金）を貸さないという姿勢は、金融機関にとってある意味当然で妥当なことだといえます。

ベンチャーキャピタルなど出資をする機関の場合は、一部の投資先企業が成功すれば大きな収益を得られるので、他の企業が失敗するのは想定内です。

しかし、金融機関の融資は、利息収入が頼りなので、融資先が倒産して回収不能になれば大損害になり、補てんするのが大変です。したがって、「着実に返済してもらえる」と判断できなければ融資するわけにいきません。「雨の日に傘を貸さない」のは仕方がないのです。

多くの社長は、資金繰りが苦しいときに融資を利用しようとするため、決算書などの財務状況が芳しくないタイミングで「どうか融資をお願いします」と懇願します。それだと金融機関から見ると、危なっかしくてとても融資したいとは思わないのです。

一方で、ある程度業績が好調で、決算書もそこそこいい数字を維持している社長の中に「いい融資の提案があれば借りてもいい」という態度で銀行員と交渉している人がいます。決算書を見た銀行員が「融資のご利用はいかがですか」と営業してきたときに、ここぞとばかりにいい条件の融資を引き出そうとするのです。

まさしく、「晴れの日」に傘を貸そうとする銀行員に、それほど資金の必要性がなくても条件がいいから借りておこうというスタンスです。

しかし、それでは受け身の姿勢であって、融資を効果的に活用しているとはいえません。

それに、**晴れの日は続かないのが中小企業の常**です。もし業績が悪化したら、金融機関から手のひらを返されてしまうパターンの社長です。

もっとも金融機関は、企業が「晴れの日」か「雨の日」かについて、単純に判断しているのではなく、多角的な視点から検討しています。そこに金融機関の「融資審査」のノウハウがあるのです。

目標としていただきたいのは、**好業績を実現して、事業をさらに繁栄させるための融資を活用すること**です。つまり、金融機関から「快晴の浜辺で快適に過ごすためのビーチパラソル」を借りることを目指してください。

また、金融機関に融資を申し込んでも、資金が出るまでには予想以上の日数がかかるのが実態です。将来ＡＩによる審査手法が発達すればスピーディになるかもしれませんが、現状は１カ月以内に出ることは稀です。２、３カ月の余裕をもって申し込みましょう。

一流の社長は、設備投資や資金繰り安定化などの資金調達について、半年～１年以上前から計画します。そして、できるだけ晴れの日のタイミング、つまり決算書などの財務諸表が良好なときに、金融機関へ申し込むのです。

もし「雨の日」に融資が必要な場合でも、十分な余裕期間をもって申し込むことで、うまく傘を借りることが可能になります。

Road to Executive

一流は、「快晴の浜辺でビーチパラソルを借りる」ような姿勢で融資を利用する

☑ 早めに借りておけば
天気が急変しても快適に過ごせる

Chapter 6

一流の「パーソナリティ」とは？

外見的なこと

三流は、服装や外見には無頓着、二流は、服装や持ち物にこだわり、一流は、どう考えている？

私はこれまで、3万人以上の経営者と会ってきましたが、服や身につけるものなど、外見的なことに特徴的な人がたくさんいました。

私が金融機関の大阪支店に勤めていた頃に、よく会っていた鮮魚卸売業のE社長は、いつも市場にいるときと同じような格好をしていました。E社長が来ると、入った瞬間に部屋中にプーンと磯の香りが漂ってきます。私は、その姿がなんとも堂々として、カッコいいと思ったものです。

また、愛知県で廃棄物を再利用する環境ビジネスをやっていた技術者のT社長は、少し汚れた白衣を着て頭は落ち武者のようでした。まるで、映画『バック・トゥ・ザ・フューチャー』に出てくるタイムマシンを発明した「ドク」のような姿です。

この二人に共通するのは、自分の仕事に誇りをもっており、いかにもそれらしい外見をしていたことです。社長の外見は、事業へのこだわりや自己主張を示しているといえます。
もちろん、社長がどんな外見でいようが、基本的には誰も文句はいいません。
ただ注意したいのは、**ビジネスの世界では外見が重要で、商談の成否を左右することもあるということです。**E社長やT社長のように、自分の事業に自信をもって堂々とした恰好をするのはアリですが、ヨレヨレのスーツやボサボサの髪で清潔感がない恰好はNGです。

最近は、外見にこだわる社長が増えており、専属のスタイリストをつける人もいます。その人の肌の色や雰囲気に合う「寒色」や「暖色」といったカラーを判定する、体形にフィットするサイズ感の服を選ぶ、髪形も若々しく見えるようにセットするなど、こだわる社長が多いようです。

必ずしも高級なものを身につける必要はありません。全身をブランド物で固めた社長は、威圧感を与えることがあります。高級品でなくても、社長としての外見のプレゼンス（存在感）が高まるような服やアイテムを選ぶことが重要です。

また、身につけるものだけではなく、話し方や声のトーン、コミュニケーションスキルも重要です。とりわけ留意すべきなのが「目の輝き」です。目が輝いている社長は、事業にも勢いがある印象を与えます。ただ目の輝きは、意図的につくろうとしても見透かされます。心の底から相手に興味をもち、真剣に話をする姿勢があって初めて目が生き生きと輝くのです。

一流の社長は、**自分の外見はもちろんのこと、会社全体のプレゼンスが高まるようにデザインすることにも注力**します。立派な事務所を構えるという意味ではなく、古く小さな事務所でも事業の内容に誇りをもってデザインするのです。社員が働きやすい職場環境をつくる、来店するお客様をもてなすエントランスにするなど、工夫を凝らします。

スタッフが50名ほどいる会計事務所のM所長は、お客様が来所するときに事務所のエントランスに「○○様。本日はお越しいただきありがとうございます」と、ウェルカムボードを掲げています。訪問したお客様は、とても嬉しいと思います。

事務所だけではなく、会社の顔ともいえるホームページや会社案内、パンフレットの構成やデザインにもこだわります。大企業のように立派なものにする必要はなく、事業内容や経営理念などがわかりやすく伝わることがもっとも大切です。

社長の外見はもちろんのこと、会社全体のデザインに工夫を凝らして、プレゼンスを高めてください。

Road to Executive

一流は、
自分の外見だけではなく
会社全体のデザインも追求する

☑ 社長も会社も見た目で判断される

趣味

三流は、仕事に追われ趣味らしいものがなく、二流は、好きなことを娯楽として楽しみ、一流は、どんな趣味をもっている？

経営者には、多趣味の人が多いといわれることがあります。

実際、会食しているときに趣味の話題になると、さまざまな趣味の話が飛び出してきます。バンド演奏、絵画、オペラ鑑賞、骨董品収集、盆栽、カーレース、鉄道など、多種多様です。5、6種類の趣味を同時並行している人もいるほどです。

その一方で、仕事に朝から晩までかかりきりで、趣味らしいことは何もしていない経営者も少なからず存在します。ある町工場の社長は「朝から晩まで仕事で酒を飲むくらいしか楽しみがない」と言っていました。また、ベンチャー企業を立ち上げて間もない若い起業家などは、ビジネスそのものが趣味という雰囲気です。

趣味をもつかどうかはその人の自由ですが、仕事以外に打ち込めることがあれば、心に余裕をもったり人格の幅を広げたりする効果があるといえます。

多くの趣味をもつ経営者は、ビジネスの業績もいい傾向にあるのは事実です。時間の使い方がうまく、仕事と趣味を両立する能力があるといえます。

ビジネスで成功を収めている一流の社長の特徴は、娯楽として趣味を楽しむだけではなく、**自らの心身を鍛えるストイックなことを趣味としている**ことです。

コンピュータシステムの会社を経営しているD社長は、筋トレ歴が20年以上で、ボディビル大会で上位入賞しています。D社長はムキムキの身体をしていながら、「身体を鍛えるだけではなくメンタルも鍛える」と言って、茶道にも取り組んでいるのがユニークです。

ところで、社長ではありませんが、作家の村上春樹氏は『走ることについて語るときに僕の語ること』（文藝春秋）の中で、マラソンなど長距離を走ることについて語っています。村上氏は、世界中のマラソンやトライアスロン、１００キロ走るウルトラマラソンに出場した経歴があるそうです。

ランニングをしない人からすると、「あり得ない！」と驚くことでしょう。同氏は、マラソンに参加するとき、自分で決めた目標タイム内で走ることができれば「何かを達成した」と考え、達成できなくてもやれる限りのことはやったという達成感につながる、と語っています。それが、小説家の仕事とも似ているとのことです。

村上氏の書籍を読んだ私の推測ですが、小説を書くのには根気と体力が必要なので、マラソンで心身を鍛えているのだと思います。一流の社長が、ストイックな趣味に打ち込むのも同様の目的といえます。

社長がやるスポーツといえば、以前はゴルフが主流でしたが、今はランニング、筋トレ、テニスなど、よりハードなものに取り組んでいる人が多いようです。仕事が忙しいので、なかなか時間がとれないのではと思いきや、早朝や仕事の合間にスポーツをしています。必ずしもハードなトレーニングをして身体を鍛えている人ばかりではなく、軽い運動によって健康を維持している人もいます。

私の知人の弁護士は、週2回「ホットヨガ」に通っています。ホットヨガは室温が40℃、湿度が60%ほどの部屋で、静かにヨガのポーズをとるというものです。代謝が上がりデトックス効果があるとのことで、女性に人気があります。

その弁護士は「マラソンなどはとてもできないけど、ホットヨガでリラックスして汗を流すことで健康を維持できている」と言います。

あなたにも何らかの趣味があると思いますが、娯楽の趣味に加えて、ストイックな趣味にも取り組んではいかがでしょうか。

Road to Executive

一流は、心身を鍛えるストイックなことを趣味としている

☑ 心身を鍛えればビジネスのパフォーマンスも向上する

自信のない苦手分野

三流は、自信がないことはやらず、二流は、本やセミナーで克服しようとし、一流は、どんな行動で克服する？

世間一般の人からすると「社長という人たちは一国一城の主だから、さぞ自信満々なんだろう」と思われることがあります。でも社長も人間なので、自信がないこともありますよね。私自身も、しばしば自信を喪失して、嘆くことが多いのが正直なところです。

あなたも子供の頃を思い出せば、苦手なことがいくつかあったことでしょう。たとえば「逆上がりが苦手」「勉強が苦手」「水泳が苦手」などです。

その中で、努力することによって、苦手どころか得意になったものがあるはずです。それが、後の人生で大きな自信になっていると思います。

人は年齢を重ねると、苦手な分野を避けてしまいがちです。「今さら頑張っても変わらない」と思い込み、子供の頃のようにひたむきに努力して克服しようとする姿勢が、どうしても弱くなるからです。

社長の中にも、「自信がない苦手なことはやらない」と、決めつけている人がいますが、それが事業停滞の一因になっていることがあります。

たとえば「人前で話すのが苦手」という人は、少なからずいます。せっかく自社の商品についてプレゼンする場面があっても、自信がないのでスタッフに任せてしまいます。やはり、社長自らが生き生きとプレゼンするほうが、聴いている人に響くので、人前で話すのは得意になるべきです。

また、「財務のことが苦手」「営業が苦手」「コンピュータが苦手」など、自信がない苦手な分野を克服しようと、本を読んだりセミナーなどに参加したりする社長もいます。しかし、本やセミナーだけでは、苦手意識を克服できることは稀です。

一流の社長は、子供の頃と同じように、純粋な気持ちで苦手なことを克服しようとします。本やセミナーだけではなく**「当たって砕けろ」という強い意識をもって、実践の場で訓練する**のです。

経営コンサルタントとして活躍しているM社長は、人前で話すことに自信がなく苦手でした。そこで克服するために、セミナー講師のコンテストに出場したのです。

審査員からは「笑顔が足りない」「目線がよくない」「言っていることがわかりにくい」

などダメ出しの嵐でした。M社長はそうしたダメ出しを素直に受け止め、自らセミナーも開催し場数を踏むことで、今や大人気の講師となっています。

また、社長が苦手分野に限らず、**興味がなかったり毛嫌いしたりしていたことについても、飛び込んで実践してみると、事業が新たな展開へ向かう可能性**が出てきます。

現在貿易業を営むH社長は、従来は日本人だけを相手にした商売をしていました。外国人に対して、なんとなく嫌という意識があったので避けていたのです。

ところが、あるとき「国内だけの商売では限界がある」と思い、一念発起して中国向けの輸出事業を展開するようになりました。今や、月の半分は上海などへ出張して、中国人との商談を楽しんでいます。

人は何歳になっても、自信がない苦手なことでも、努力すれば克服できてむしろ得意な分野へと変えられる可能性があるのです。逆にいえば、興味がないこと、嫌いなこと、理解できないことなどを避けてしまうと、チャンスをつかめないともいえます。子供の頃は、そんなことでも「まずはやってみよう」とトライしたはずです。

そうした分野にこそ、すばらしい商売のネタが埋まっているかもしれないのです。ぜひ子供の頃のひたむきな気持ちを思い出して、飛び込んでみてください。

Road to Executive

一流は、子供のようにひたむきな努力で苦手を得意に変える

☑ 苦手なこと、嫌いなこと、
避けていることにチャンスが隠れている

三流は、「気合と根性」があれば大丈夫、二流は、座禅や瞑想を行い、一流は、どんな行動をとる？

事業経営をしていると、ときには悲嘆にくれるようなことが起こります。社長ならば、不測の事態に直面しても、心が折れない強いメンタルをもつべきです。

「気合と根性だ！」という精神があれば、強いメンタルを維持できるわけではないことは、ご存じのとおりです。多くの社長は、精神を平常に保つ目的で、座禅や瞑想を行っています。

もちろん、座禅や瞑想も効果的ですが、私が提唱するのは、**普段の考え方や行動を変えることでストレスの影響を受けにくい人になる**ことです。

精神科の医者によると「心が折れにくい人」とは、気が強いとか弱いというのは関係がなく、自分自身を追い詰めない人だといいます。自分を追い詰めるか否かで人の性格を分ける方法として、「タイプA人間」と「タイプB人間」という考え方があるそうです。これは、血液型のことではなく、考え方や行動様式によって区別されるものです。

私が大阪で会ったある社長は、とても怒りっぽい人で、少しでも気に入らないことがあると誰にでも怒鳴る人でした。経営する会社は、法人向けのサービス業で「飛ぶ鳥を落とす勢い」といっていいほど右肩上がりの業績を上げていたのです。

傍から見ると「俺様が一番」というタイプで、とてもメンタルが強いように見えました。ところが数年後、この社長は、ストレスが原因で病気になってしまったのです。実は、こんなタイプの人が、自分を追い詰めてしまいがちな「タイプA人間」です。

「タイプA人間」は、負けず嫌いの頑張り屋で仕事は常に精力的にこなし、せっかちでいつも時間を気にしているのが特徴です。ときには、人に対して攻撃的だったりします。

一方、**自分を追い詰めない「タイプB人間」**とは、次のような特徴をもっている人です。

仕事だけに没頭することはなく、時間を純粋に自分の楽しみのために使おうとします。自分の長所と短所を冷静に見つめることができるので、人からどう見られているかはあまり気にしません。気負わずに生きており、高望みをしないので、劣等感や自己嫌悪にさいなまれることもありません。「人は人、自分は自分」で、他人に対して自分の意見を押し通そうとすることはないので、人間関係のトラブルも少ないのです。

「タイプA人間」のAはアグレッシブのAで、「攻撃的」「積極的」「押しが強い」ということです。

一方、「タイプB人間」のBはバランスのBで、「調和・均衡」「心の平静」という意味があります。「タイプA人間」でも、**「タイプB人間」の考え方や行動様式を真似ることによって、心が折れない人になれる可能性**があります。

「タイプB人間」の行動様式を具体的に例示すると、次のようなものです。

①相手の立場を考えて穏やかで滅多に怒らない
②他人の評価はあまり気にしない
③「歩く」「食べる」「話す」といった行動をゆっくりと行う
④「明日に延ばせる仕事は明日に」と考える
⑤仕事よりプライベートを楽しむ
⑥趣味のスポーツでも勝敗にこだわらない
⑦時間を気にしすぎない

仕事に精力的に打ち込むだけではなく、プライベートの時間も心から楽しみ、情緒が安定するように意識することで、不測の事態に直面しても、一歩引いて向き合える余裕が生まれるのです。

Road to Executive

一流は、自分を追い詰めない「タイプB人間」の行動をとる

☑ 不測の事態に直面しても
心が折れない社長になれる

重大な決断をするときの姿勢

三流は、決断できずタイミングを逸し、二流は、占い師や超能力者に頼り、一流は、どうやって決断をする？

事業経営をしていると、毎日のように決断を迫られるでしょう。

たとえば、既存事業の先行きが厳しいと見られるときに、新規事業へ投資するかどうかなど、重大な決断を下さなければならない場面もあります。

もちろん、慎重に考えすぎていつまでも決断できないと、タイミングを逸することもあります。かといって、軽く考えて判断して業績を悪化させるのは、避けなければなりません。

そんな重大な決断にもかかわらず、社内の人間に相談できず、一人で悶々と悩むこともざらにあります。社長は、たとえ多くの社員に囲まれていても、孤独な存在なのです。

そのため、社長の中には、決断に迷うときに、占い師などに頼る人も少なくありません。

私が驚いたのは、ある著名な社長が、「超能力者」と名乗っている人物を信奉しており、何か迷ったときに判断を仰いでいたのを見たことです。

占い師や超能力者を否定するつもりはありませんが、**事業経営は社長が自分自身の考えで進めて、もくろみどおり結果が出ることが醍醐味《だいごみ》**ではないでしょうか。

たしかに、重大な決断が結果的に失敗することはあります。しかし、自分一人で決断するというスタンスを忘れてはなりません。

建設業を営んでいたS社長は、廃棄物再資源化のプラントをつくることを決意しました。決断の背景には、三つの銀行が計画に賛同したことや自治体の支援もあるなど、多数の人が後押ししたことがありました。S社長は「投資額が大きいのでやめたほうがいいかな」と思っていたところ、多数の人が「ぜひやりましょうよ」と言ってくれたので進めたのです。

ところが、廃棄物を処理したものが、資源として売れない代物だということが、プラント完成後に判明したのです。数十億円をかけたのに大失敗に終わり、会社は破綻してしまいました。「できた資源は売れるのか？」という、基本的な問いに明確な答えがなかったのです。賛同者が多かったので、失敗する可能性の検討がおろそかになったといえます。

高額投資など重大な判断をする際は、あらゆる観点から情報を集めて「本当にいい計画なのか？」について、自問自答を繰り返さなくてはなりません。

関西にある医薬品メーカーのF社長は、何か決断するときに、大きな模造紙を使っていました。

たとえば、原材料の仕入先の候補が2社あって、どちらかを選ばなければいけないとなれば、模造紙にまず縦線と横線を引いたマトリクスを書いていました。

横軸の左が「デメリット」で右が「メリット」、縦軸の上が「大」で下が「小」という形です。マトリクスには四つの象限がありますが、左上は「大きなデメリット」になるので、たとえば「B社のほうが○○円高い」などが入ります。

すると、メリットとデメリットについて、影響度の大小に分けられて記入されたものができあがります。このマトリクスを作成することで、メリット、デメリットがきめ細かく見えてくるので、決断が下しやすくなるということです。

また、判断のために詳細な検討を行ったとしても「なんとなくやめたほうがいい気がする」という勘が働くことがあります。社長の中には、こうした勘がとても鋭い人がいます。たとえば、「相手先企業の社長の目に曇りがあるから信用できない」などです。こうした勘で決めたほうが、結果的に正解だったということもあるのです。

重大な決断をすべきときには、**人の意見に左右されすぎないように、多角的な視点から自問自答すること**が大切です。さらに最後は、自分の勘も重視して決断してください。

Road to Executive

一流は、自問自答を繰り返し最後は勘も働かせて決断する

人の意見を信じすぎると
判断を誤ることがある

対人関係での心がけ

三流は、見下されないよう強気な態度を通し、二流は、相手の話をよく聞くよう心がけ、一流は、どんなことを心がけている？

社長は、事業活動を行う中で、社員、お客様、仕入先、外注先などさまざまな人たちと関わります。接する人たちと円滑な関係を築くことが、事業繁栄につながります。

社長は、他者と良好な関係を築き、厳しい場面でもうまく対処できる、高い対人関係能力を身につけておく必要があります。

他人から見下されないようにと、いつも強気で横柄な態度で振る舞う社長がいますが、それでは人が寄りつかなくなります。

一方、相手のことを気遣い、話を聞くことを心がける傾聴型の社長もいます。傾聴型の社長は、相手が気分よく話ができるので、商談を進めることが得意な人が多いでしょう。

しかし、事業活動における対人関係では、利害が対立して険悪なムードになった、商談で厳しい交渉になった、激しいクレームが来たなど、難しい場面もあります。

傾聴型に徹したとしても、それだけではうまくいかないのです。そこで、対人関係でうまく対処できるように、次のような点に心がけることをお勧めします。

①二枚目から悪役まで幅広く演じられる役者になる

人から見てわかりやすすぎる社長は、どうしても軽く見られてしまいます。また、人の心を動かそうとするときに、素の自分をさらけ出すのでは、うまくいかないことがあります。ときには、相手の気持ちを読んで、違う自分を演じることが有効です。

②「懐は深く」でも脇が甘くなるのは禁物

「度量がある」「寛大である」「男気がある」「包容力がある」「スケールが大きい」「悠然としている」印象を与える「懐が深い」社長になりましょう。ただし、脇が甘くなってつけ込まれないように要注意です。

③相手の本音を引き出すテクニックとして、質問をしてあえて30秒から1分間の沈黙

相手の本音を引き出すテクニックとして、質問をしてあえて30秒から1分間の沈黙をつくることが効果的です。一時的に会話が止まります。決して助け舟を出したりせず、相手が答えるまでじっと沈黙するのです。

かなり長く感じて、お互いいたたまれないほどの感覚になります。ほとんどの人は会話

の中での沈黙が怖い気持ちがあり、ついに我慢できなくなり何か言おうとします。すると、思わず本音が出ることが多いのです。

④バトルモードで向かってきた人への対処法

クレーマーがいきなり飛び込んでくるなど、突然バトルモードで向かって来る人がいたら、ひるまずにどっしり腹を据えて、相手の主張を聞くことが大切です。

攻撃的になっている理由が何なのか、しっかりと聞いて把握するのが先決です。怖がって最初から極端にへりくだった姿勢を見せてしまうと、押し込まれる一方になりかねません。まずは冷静沈着に対応することを心がけてください。

⑤一線を越えたと思ったらキレることも必要

重要な取引先の人などで、立場が強いことをかさに着て、いつも強い口調で無理を押し込んでくる人がいます。しかし、たとえ相手がこれまで頼りにしてきた人であっても、あまりにも理不尽なことをされたらキレる、つまり反発することも大事です。

社員や取引先の人など、対人関係で悩んでいる社長は少なくないのが実態です。悩むよりも、適切な対応方法を習得して、対人関係能力を高めてください。

Road to Executive

一流は、「懐が深い人になって脇は締める」よう心がける

☑ 対人関係能力を高めると協力者が増える

息抜き

三流は、息抜きする時間がなく、二流は、年に1回は海外旅行に行き、一流は、どのように息抜きする?

とかく日本人は、「勤勉で規律正しく生活することが美徳である」と、親や先生から教え込まれてきました。そのせいか、息抜きをすることが不得意な人が多いようです。

とくに社長は、常に仕事に没頭するので、息抜きする時間がない人もいます。仕事だけしているうちに、ストレスを溜め込んで、健康を損なってしまうこともあります。

また、「年に1回の海外を楽しみにしている」という社長もいますが、一流の社長はもっと頻繁に息抜きします。

繁栄している企業の社長は、集中して仕事に取り組みながらも、**月に1回程度は徹底的に息抜きをして、心と体をリフレッシュしています。**しかも、息抜きの方法は、普段の人柄からは思いもよらない意外な内容の人もいます。

兵庫県に、若い女性向けの服飾雑貨を売っている小売店舗があり、個性的な品ぞろえが評判でいつも繁盛しています。この店のE社長は、普段はとても真面目なタイプですが、月に一度は仲間を集めて「カラオケでオール」という会を開催しています。

文字どおり、カラオケボックスで飲み食いしながら、朝まで歌って踊るという会です。

E社長は普段は見せないようなおバカな側面を丸出しにして、踊りまくるそうです。

また、香川県で中古車販売業を営んでいたS社長は、海釣りが好きでクルーザーを持っていました。でも「釣りのことばかり考えると商売がおろそかになる」との考えから、釣りに行くのは月に1回と決めていました。

いざクルーザーで瀬戸内海に出かけると、早朝から夕刻まで独りでボーッとしながら海の上で過ごしているそうです。狙った魚が釣れず「ボウズ」で帰ることも多いようですが、それでもストレスを忘れてリフレッシュすることができるとのことです。

この二人の社長のように、たまにバカになることは繁栄している企業の社長がもっている大きな特徴です。ここでいう**「バカになる」というのは、「心のタガを外して、人目も気にせず思い切り好きなことをする」という意味**だと理解してください。

バカになることによる効果は、次のようなものがあります。

◯ 気持ちをリフレッシュすることができる

○熱中することで集中力を養うことができる
○羽目を外すことにより豊かな発想が生まれる
○毎日のマンネリを打破してメリハリをつけることができる
○不安なことを忘れることができる
○生きることが楽しいと感じることができる

具体的な息抜きの方法としては、とにかく好きで熱中できることを探してください。好きなスポーツをする、絵を描く、美味しいものをたらふく食べる、旅行するなど、能動的に身体を動かして行うことがベターです。

でも、一日中瞑想にふけるなど「何もしないこと」も一つの選択肢です。大切なのは、その日は仕事のことを一切思い出さないようにして、心の底から楽しむことです。

社長は、事業活動が最優先なので、息抜きを忘れがちになります。しかし、月に1回くらいは心に余裕をもって、徹底的に息抜きできるかどうかが、事業繁栄のバロメーターといっても過言ではありません。

Road to Executive

一流は、月に一度はバカになるほど息抜きする

徹底的な息抜きが
ビジネス活性化のパワーを生む

Chapter 7

一流の「スキル・ノウハウ」とは？

読書の方法

三流は、雑誌やマンガしか読まず、
二流は、ビジネス書をたくさん読み、
一流は、どのように読書をしている？

経営者は、知識と教養を継続的に高めていくことが、事業繁栄のために大切です。知識と教養を高めるために有効なのは、まず自分と向き合い無知を自覚することです。その方法としては、今でも読書が非常に効果があるといえます。

もちろん雑誌やマンガでもいいのですが、経営者としてはやはりビジネス書を多読することをお勧めします。

一流の社長は、例外なく読書家です。忙しい中でも、時間を見つけて読書をしています。**ビジネス書はもちろんのこと、歴史や哲学など幅広いジャンルの本を読んでいます。**

読書に関してお勧めしたいのは、次のような方法です。

① 週2回は書店に行く

書店に行くと、売れている本、時事問題など、世の中の流れが見えてきます。いい本と出会う機会を増やすために、週に2回は行くといいでしょう。チェックすべき箇所は、新刊コーナー、ビジネス書コーナー、平積みになっている本などです。

気になる本があれば、迷わず買うことです。「本との出会いは一期一会」といわれるとおり、気づいたときに買わないと忘れてしまうからです。

②専門知識の習得には同じ分野の本を10冊以上読む

何か専門知識を身につけようと思えば、その分野の本を多読すると有効です。数にして10～20冊です。同じ分野の本を探すためには、Amazonなどでキーワード検索すると容易に出てきます。古い本にもいいものがあるかもしれないので、図書館へ出向いて探すのも一つの方法です。国立国会図書館のサイトで検索すると、日本で出版されたすべての本から探すことができます。

③同じ本を複数買う

じっくり読みたい本や早く読了したい本があれば、事務所用、自宅用など、2冊以上購入します。分厚い本なら、移動時に読めるように、バラバラにするのも有効です。

④電子書籍を活用する

電子化している本は、スマホなどで読めます。移動時間を活用して、多くの本を読むことが可能です。

⑤ 新聞の書籍広告をチェックする

新聞の書籍広告欄に出ている本は、よく売れている本か出版社が自信をもって販売しているものです。チェックして積極的に読みましょう。

⑥ マーカーなど書き込みながら読む

役に立つと思う本は、重要なところに折り目をつける、マーカーで線を引く、ペンで書き込むなど、自分なりに読みやすくカスタマイズすると、内容が身につきます。また、「読書ノート」をつくって重要な部分を記入するのも役に立ちます。

⑦ バイブルとなる本を見つける

数多く本を読むと、何度も繰り返し読む価値のあるものに出会えることがあります。経営や生き方に大いに役立つと思える「バイブル本」が見つかると、迷ったときに勇気を与えてくれます。

Road to Executive

一流は、幅広いジャンルを読み、1冊のバイブル本を持っている

☑ バイブル本は迷ったときに勇気を与えてくれる

スキルアップの方法

三流は、自信過剰で何もせず、二流は、セミナーでノウハウを習得し、一流は、どのようにスキルアップする？

私の経験では、事業が傾くきっかけとして多いのが、経営者が「天狗」になることです。つまり、一時の成功体験で自信過剰になるという意味です。

業績が順調に推移していたので、高額投資をして新規事業を始めたところ、大赤字を出して倒産したという事例は枚挙にいとまがありません。経営者が自分の経営能力を過信し、判断を誤ったことが事業失敗の原因になっているのです。

もちろん、成功体験によって自信をもつことは悪いことではありません。問題は、他者からの指導やアドバイスを受ける姿勢が乏しくなるところです。このままでは、経営者としてのスキルアップが図れなくなり、事業も停滞が続いてしまいます。

一方、事業を長期にわたって継続できる経営者は、**「謙虚にスキルアップを図る」という姿勢をもち続けています。**

経営者に必要なスキルの例を挙げると、次のようなものが考えられます。

①ビジネスモデル構築　②情報収集・活用　③行動力　④マーケティング
⑤人材マネジメント　⑥財務マネジメント　⑦独創性　⑧危機対応

経営者がこうした要素から構成される経営能力を高めていくことで、難局を乗り越えて事業を繁栄させることができます。

こうしたスキルを高めるために「資格試験の勉強をする」「セミナーに参加する」といった方法をとる人がいますが、それだけでは効果が少ないと思います。

スキルアップのためにもっとも有効なのは、自分よりも能力が高いと思う人に会って刺激を受けることです。

鹿児島で理容業を営むY社長は、30代前半のときに自分が経営者として未熟と考えていたそうです。そのため「立派な経営者の話を聞きたい」と考え、県内外の著名な会社の社長約30名へ、手紙を書いて会いに行ったそうです。

社長たちは、突然の申し入れにもかかわらず快く応じて、先輩経営者として経験談を語ってくれたそうです。Y社長は、「多くの経験談を聞くことで成長できた」と言います。Y

社長のように、**優れた経営者に会って話を聞くことができると、スキルアップを図ること**
が可能です。

優れた経営者に会うための方法としてお勧めしたいのが、経営者たちが集まる勉強会に参加することです。

たとえば、私が参加しているのが、ピーター・F・ドラッカーの理論に基づく経営を学ぶ勉強会です。さまざまな業種の経営者が、毎月の課題をこなして発表します。他の経営者の発表を聞くと、中にはとても優れたビジネスモデルを構築している人がいて、非常に参考になるものです。

自分が発表すると、参加者たちから「もっとこう改善したらいいのではないか」といったフィードバックを受けることができます。ときには、ダメ出しされることもありますが、参加者からの意見はとても刺さります。自分のスキルアップはもちろん、経営改善に役立つ情報や意見をもらうことができるのです。

社長は、とかく「裸の王様」になりがちです。優れた経営者たちが集まる真剣な勉強会で揉まれることをお勧めします。もし、近くに適した勉強会がなければ、ぜひあなたが主催者として始めることを検討してください。

Road to Executive

一流は、優れた経営者が集まる勉強会に参加する

参加者からのフィードバックが
あなたを鍛えてくれる

ビジネスアイデアの発想

三流は、アイデアがめったに出ず、二流は、商品のアイデアがポンポンと出て、一流は、どんなアイデアを生み出す？

企業が長く繁栄するためには、環境変化に合わせて変化していくことが不可欠です。そのため社長には、ビジネスを活性化するためのアイデア発想力が求められます。アイデアがめったに出ない人は、社長としては失格といわざるを得ません。

実際、社長にはアイデアマンが多く、「こんなものをつくれば売れるだろう」と提供する商品やサービスに関するユニークなアイデアを、ポンポンと出します。

しかし、多くのすばらしいアイデアが出せたとしても、それだけでは価値はありません。それぞれが単発のビジネスに終わるため、得られる利益は限定的で長続きしないからです。

収益力の高い事業にするためには、**アイデアを基に「ビジネスモデル」を練り上げることが重要**です。一流の社長は、商品・サービスのアイデアを出すだけではなく、ビジネスモデルを構築する創造力が優れています。

ビジネスモデルの定義は諸説ありますが、ここでは「お客様に満足を提供しながら企業に利益をもたらす仕組み」だとご理解ください。

ビジネスモデルの例を挙げると、次のようなものが挙げられます。

○商品やサービスと交換に対価を受けとる「シンプルモデル」

○商品やＷｅｂサイトで広告を募る「広告受注モデル」

○二者を仲介して手数料をもらう「マッチングモデル」　など

最近では、会費をもらって商品やサービスを提供する「サブスクリプションモデル」のビジネスが増えています。

優れたビジネスモデルを構築すれば、「誰に何をどのように売るか」という活動について〝顧客満足〟と〝企業の利益〟を両立し、事業を長く繁栄させることができます。中小企業は「長時間働いても不安定」という状態に陥りがちですが、ビジネスモデルを工夫すれば、安定して利益を出せるシステムをつくることが可能です。

とくに、インターネットの活用によって、複合的なビジネスモデルを構築できるようになりました。最初は事業を小さく始めて、短期間で大きくさせることも夢ではありません。

ところで、そもそも優れたアイデアを出すにはどうしたらいいでしょうか？

私がお勧めするのは、軽い有酸素運動です。

有酸素運動を行うと「デフォルトモードネットワーク」が稼働して、いいアイデアが出やすくなるのです。

「デフォルトモードネットワーク」は、脳科学の研究で立証されました。簡単にいえば、何も考えずにぼんやりしているときに、脳はエンジンのアイドリングのように活性化して複数の脳領域をつないで、自己認識や情報の整理を行うようになることです。

自分では意識せずとも、脳がバックグラウンドで活発に活動しているという状態になっているのです。軽い有酸素運動をしているときには、何も考えずにぼーっとしているので、デフォルトモードネットワークが稼働しやすいといわれています。

デフォルトモードネットワークを稼働させる有酸素運動は、ウォーキング、ジョギング、サイクリングなど、楽にできるものが適しています。ジョギングの場合は、息があまり上がらず会話ができるくらいのゆっくりペースです。ウォーキングであれば、少し早めのサッサと歩くペースのほうがアイデアを出しやすくなります。

ぜひ時間を確保して、軽い有酸素運動を実践してみてください。きっと、自分でも驚くほどの珠玉のアイデアが浮かんで、優れたビジネスモデルを構築できるでしょう。

Road to Executive

一流は、アイデアにとどまらずビジネスモデルを構築する

「デフォルトモードネットワーク」を稼働させると発想力が高まる

最新技術に関して

三流は、「すごい人がいるなあ」と感心し、二流は、セミナーなどで勉強し、一流は、どのように考え行動する？

最近は、さまざまな最新の技術が話題になっています。

例を挙げると、AI、IoT、VR、ブロックチェーン、ドローン、iPS細胞、ロボット、バイオテクノロジー、自動運転など、多種多様なものがあります。

こうした最新技術の話題に触れたときに、大半の社長は「世の中にはすごいものを生み出す人がいるもんだなあ」と感心するだけで終わってしまいます。

一部の社長は、話題についていけるようにと考えて、本やセミナーなどで基本的な知識を習得しようとします。

しかし、最新技術は感心するだけではなく、**いち早く自社の経営にとり入れることを検討すべき**です。

「そんなことといってもうちには技術がない」と思うかもしれませんが、技術は他社と提携して補うことによって実現している企業はたくさんあります。

ＡＩを例にとると「ＡＩで似合う髪形を提案する美容院」「ＡＩが自分に合うタイプの日本酒を教えてくれる飲食店」「ＡＩを活用してＷｅｂで商標登録を完結できるサービスを展開する弁理士」などがあり、いずれも実在している企業です。このように、一見ＡＩとは無関係のような企業が活用していると、話題性があるので集客効果も期待できます。

今や誰もが普通に利用している、インターネットのことを思い出してください。私が初めてインターネットという言葉を聞いたのは、１９９４年のことでした。当時は、よく意味がわからず、ましてやこれほど普及するなんて想像もできませんでした。

そんな黎明《れいめい》期にインターネットにいち早く着目して、経営にとり入れた企業が、先行者利益を得るだけではなく、今や市場を席巻しているのです。

ＡＩやＩｏＴなどの最新技術も、まだ黎明期を少しすぎたくらいのタイミングだといえます。早く経営にとり入れた企業が、５～10年後に市場を席巻する可能性もあるのです。

私が「あの頃にインターネットを活用した事業を始めておけばよかった」と悔やんでいるように、あなたも5年後には後悔しているかもしれません。最新技術を自社の事業にとり入れられないか、模索することを強くお勧めします。

ただし、最新技術を活用した事業そのものを、軌道に乗せることは容易ではありません。技術を実用化できるまでに開発する、買ってくれるお客様の確保、必要な資金の確保など、乗り越えるべきハードルは高いからです。

最新技術のビジネスに進出する際は、相当な覚悟をもって取り組まなければなりません。リスクは高いですが、苦労して成功した暁には大きな成果を得られる可能性があります。

本格的に最新技術のビジネスに参入できなくても「ＡＩ技術によって○○をしている」などアピールすることが目的であれば、導入するのは比較的容易といえます。最新技術を活用していることを宣言すれば、話題をさらうことも可能です。

また、最新技術以外でも「オタクビジネス」「ｅスポーツ」「宇宙ビジネス」など、これから盛り上がりを見せそうな分野も、ビジネスのネタの宝庫です。私は以前「オタクビジネスなんて興味ない」と毛嫌いしていましたが、アニメやコスプレグッズなどを扱う企業の社長と会ってからは、オタクビジネスには限りない可能性があると思うようになりました。

あなたの企業でも、最新技術や注目されている分野を、事業にとり入れることを検討してはいかがでしょうか。

Road to Executive

一流は、最新技術をいち早く経営に取り入れ先行者利益を狙う

技術の黎明期が参入のチャンス

ＩＴスキルに関して

三流は、メールや文書作成をする程度で、二流は、パワポやエクセルを駆使し、一流は、どれほどのＩＴスキルがある？

以前に「日本のビジネスパーソンのＩＴスキルは先進国で最低」というニュース記事を読んだことがあります。

企業は今後ますますＩＴを活用した経営を行うべきだといわれていますが、人材のＩＴスキルが低ければ先行きの不安が大きいですね。でも今後は、小学校でプログラミング学習が必修化されることもあり、改善が期待できます。

とりわけ中小企業に目を向けると、肝心の経営者がＩＴオンチというケースが少なくありません。ＩＴといえば、パソコンでメールと文書作成をする程度で、自社のＷｅｂサイトやコンピュータシステムについては担当者やＩＴ企業に任せきりという社長がいまだに多いのが実態です。

比較的若い社長は、PowerPoint でプレゼン資料をつくる、Excel で経営管理をする、といったレベルの活用は普通に行っています。

しかし、年配の社長の中には、ＩＴスキルを習得する機会を逸してしまい「ＩＴは人に任せるもの」と思い込んでいる人もいます。

一言で「ＩＴスキル」といっても、ソフトウェアの活用はそのごく一部で、内容は多岐にわたります。たとえば、ネットワーキング、ソフトウェアやアプリの開発、Ｗｅｂサイトの構築、データベース管理、プロジェクト管理、セキュリティなどです。

社長が、これらすべてのスキルをもっている必要はありません。

しかし、ＩＴを情報処理や生産性向上など経営に活用するために、必ず習得しておくべきＩＴスキルはあります。

ソフトウェアを使いこなせるのはもちろんのこと、Ｗｅｂサイトの構築、プログラミングの基礎的な知識です。少なくともこれらについて、ある程度は習得しておかないと、スタッフやＩＴ企業へ依頼する際に「言葉が通じない」事態に陥ってしまうからです。

とくに重要なシステムを構築する場合に、経営者として重要なのは、要件定義（情報システムの開発において、必要とされる性能や実装すべき機能などを定義すること）の前提となる構想を明確に説明できることです。

中小企業では、ＩＴ企業に丸投げにしたら「使い物にならないシステムになってしまった」ということが起こりがちです。せっかくの投資が無駄になりかねません。**社長自らが、システム構想段階で関わることが重要**で、そのための知識をもっておくべきです。

ブライダル関連企業のＯ社長は、顧客データベースを活用するシステムの開発をＩＴ会社に発注して、すべて任せきりにしたそうです。半年かけてでき上がったシステムを稼働させてみると、以前のシステムよりも作業効率が悪化したという結果になったのです。

Ｏ社長はそれをきっかけにして、プログラミングを学ぶために学校に通いました。失敗したシステムを再度つくり直す際には、学んだ知識が生きていいものができたそうです。

社長が習得すべきＩＴスキルは、テクニカルスキル（実務面での専門知識や技能）ではなく、コンセプチュアルスキル（組織や社会の全体を視野に入れながら総合的な情勢判断と政策決定を行う能力）です。

ＩＴに関するコンセプチュアルスキルを高めることで、Ｗｅｂサイト構築やシステムを構想する際に、大いに力を発揮することができます。

社長がＩＴスキルを高めるためには、自らを強制して学習するほかありません。社長の重要な仕事の一つと位置づけて、ＩＴスキルの習得に努めてください。

Road to Executive

一流は、自分でWebサイトの構築やシステムの構想ができる

☑ IT に関するコンセプチュアルスキルを向上させる

失敗に対する考え方

三流は、失敗しないよう細心の注意を払い、二流は、「七転び八起き」と考え、一流は、どう考えている？

事業活動においては、失敗がつきものといわれます。

社長に「これまで経営で失敗したことはありますか？」と質問すると、繁栄している企業の社長こそ「毎日が失敗の連続」と答えます。

「失敗はしたくない」と考えて、慎重に経営しようとしても、委縮して事業がうまくいきません。

エジソンの名言に「私は失敗したことがない。ただ、1万通りのうまくいかない方法を見つけただけだ」というのがあります。社長の中にも「七転び八起き」を座右の銘として、失敗しても成功するために挑戦を続けるという姿勢の人がいます。

しかし、経営資源の乏しい中小企業が「7回も失敗しても8回目に成功すればいい」などと、呑気に考える余裕はないはずです。

1回失敗して原因に気づかなければ、7回失敗しても同じことかもしれません。中小企業は、**1回の失敗で何が悪かったのか反省して、次に生かすことが重要**です。

経営における失敗とは、例示すると次のようなことだと思います。いずれも社長なら、「絶対に嫌だ」と思うような内容ですね。

○開発した商品が売れなかった　○広告宣伝の効果が乏しかった　○資金が尽きた
○損害賠償請求をされた　○製品開発がうまくいかなかった　○社員が定着しない

社長が頭を悩ます問題は、いつ「失敗だった」と認めるかです。

失敗を認めず、やり続けて損害が大きくなることもありますし、やり続けることで、いつしか大成功を収めることもあります。「失敗」と認識すべきかどうか、そのタイミングがわからない、判断に迷うのです。

私が感じるのは、繁栄している企業の社長ほど、失敗と判断して撤退するのが早い傾向にあるということです。あるIT企業のK社長は、M&Aで7、8社の企業を買収しています。

K社長は「買収した事業が1年でうまくいかなければ撤退する」と決めており、実際

３０００万円で買収した事業から1年で撤退しました。Ｋ社長のように、成否を判断する基準を設けることが、ギャンブルと同じく損失を最小限に抑えるために有効です。

また、一流の社長は**「転んでも（失敗しても）ただでは起きない」と考えている**傾向にあります。失敗の中から成功のヒントをつかみます。

Ｋ社長の場合は、買収して失敗した事業とよく似た同業の事業を、再び購入しました。失敗要因を分析して、それがない事業を買収することで、成功に導いたのです。

また、大阪で靴の卸売業をしていたE社長はもっと派手な失敗をしました。海外製の高級靴を扱っていましたが、中国製など安い商品の影響を受けて倒産したのです。それでも数年後には、働く女性のためにオリジナルの靴を企画して販売する事業を開始しました。かつての失敗が、商品在庫を抱えすぎたことだと分析して、在庫負担を最小限に抑える経営を行い、復活を果たしたのです。

あなたも、過去を振り返ると、思い出したくない失敗があることでしょう。事業経営をしている限り、失敗は避けられません。でも「転んでもただでは起きない」という意識で、失敗を生かすことを心がけてください。

Road to Executive

一流は、「失敗してもただでは起きない」と成功のヒントをつかむ

☑ 大ケガしないように
成否の判断基準を設けることも重要

おわりに

最後までお読みいただき、ありがとうございます。

あなたは「自分はまだ二流だ」「この部分は一流だ」など、項目によって一喜一憂されたかもしれません。

ご安心ください。

すべての項目について、本書で書いているような一流である必要はありません。むしろ、ご自身の独自色を出して追究することで、超一流にもなれます。

私は、日々多くの社長にお会いして、主に資金調達のお手伝いをしています。

資金調達についてご相談を受けていると、経営に対する考え方や独自の強みなど、社長のキラリと光る個性が見えてきます。個性を存分に生かせる社長こそが一流で、魅力ある企業をつくれるはずです。

社長たちの話をお聞きすると「資金繰りが心配」「社員からの突き上げが怖い」「集客がうまくいかない」など、実にさまざまな悩みを抱えていることがわかります。

でも、なんだかんだ言いながらも、企業経営を楽しんでいる方がほとんどです。

私自身も社長として、嬉しい成功体験と落胆する失敗など、いろんな経験を積みながら、自分のスキルアップと達成感を感じる日々を送っています。

「こうしたらうまくいくのではないか」と仮説を立てて実行し、予想どおりのいい成果を出せることが社長の醍醐味です。

社長が元気になれば、日本が元気になります。ぜひこれを機会に、考え方や行動を変えて一流社長になってください。


最後に、本書の出版の機会を与えてくださった「一流編集者」の古川創一さんをはじめ、明日香出版社の皆さまに深く感謝いたします。

上野 光夫

■著者略歴

上野　光夫（うえの　みつお）

株式会社 MMコンサルティング 代表取締役・中小企業診断士・資金調達コーディネーター®

1962年鹿児島市生まれ。九州大学を卒業後、日本政策金融公庫（旧国民生活金融公庫）に26年間勤務し、主に中小企業への融資審査の業務に携わる。3万社の中小企業への融資を担当し、融資総額は2,000億円にのぼる。

2011年4月にコンサルタントとして独立。起業支援コンサルティング、資金調達サポートを行うほか、研修、講演、執筆など幅広く活動している。

『アントレ』『週刊東洋経済』などメディア登場実績多数。

日本最大の起業家支援プラットフォーム「DREAM GATE」において、アドバイザーランキング「資金調達部門」で3年連続して第1位に輝く。

主な著書に『3万人の社長に学んだ「しぶとい人」の行動法則』（日本実業出版社）、『起業は1冊のノートから始めなさい』（ダイヤモンド社）、『「儲かる社長」と「ダメ社長」の習慣』（明日香出版社）、『絶対に後悔しない！　45歳からの起業の心得』（明日香出版社）、『事業計画書は1枚にまとめなさい』（ダイヤモンド社）がある。

本書の内容に関するお問い合わせ

明日香出版社　編集部

☎(03)5395-7651

社長《しゃちょう》の一流《いちりゅう》、二流《にりゅう》、三流《さんりゅう》

2019年　6月　21日　初版発行

著　者　上《う》野《の》光《みつ》夫《お》

発行者　石　野　栄　一

明日香出版社

〒112-0005 東京都文京区水道2-11-5

電話 (03) 5395-7650（代 表）

(03) 5395-7654（FAX）

郵便振替 00150-6-183481

http://www.asuka-g.co.jp

■スタッフ■　編集　小林勝／久松圭祐／古川創一／藤田知子／田中裕也

営業　渡辺久夫／浜田充弘／奥本達哉／横尾一樹／関山美保子／藤本さやか　財務　早川朋子

印刷　株式会社文昇堂

製本　根本製本株式会社

ISBN 978-4-7569-2033-1 C0034

本書のコピー、スキャン、デジタル化等の無断複製は著作権法上で禁じられています。

乱丁本・落丁本はお取り替え致します。

©Mitsuo Ueno 2019 Printed in Japan

編集担当　古川創一

「儲かる社長」と「ダメ社長」の習慣

上野　光夫

儲けている社長とそうではない社長では、心構えはもちろん、経営計画、人事労務、経理、営業などの観点すら異なります。
元・日本政策金融公庫の担当者で中小企業 30,000 社の社長を見てきた著者が、多くの事例をもとに「儲かる社長」像を浮き彫りにしていきます。

本体価格 1500 円＋税　B6 並製　240 ページ
ISBN978-4-7569-1664-8　2013/12 発行

リーダーの一流、二流、三流

吉田　幸弘

一流リーダーを目指すためにはどうすればいいのかを説いた本です。
仕事術、時間術、コミュニケーション、心得など、
リーダーが押さえておかなければならないスキルと考え方を一流、二流、三流という 3 段階の視点でまとめました。

本体価格 1500 円＋税　B6 並製　240 ページ
ISBN978-4-7569-1893-2　2017/04 発行